Erzählung
der Schicksale und Kriegsabenteuer

des ehemaligen westfälischen Artillerie-
Wachtmeisters

Jakob Meyer

aus Dransfeld

während der Feldzüge in Spanien und
Russland

von

ihm selbst geschrieben

Engelskirchen

2008

1

Bibliografische Information der Deutschen Nationalbibliothek:
Die Deutsche Nationalbibliothek verzeichnet diese Publikation in
der Deutschen Nationalbibliographie; detaillierte bibliografische
Daten sind im Internet unter http://dnb.d-nb.de abrufbar

Gebundene Ausgabe 00/2008
Copyright © 2008 by Fachverlag AMon
Printed in Germany
Herstellung und Verlag: Books on Demand GmbH D-22848 Norderstedt
AMon 00008
ISBN 978-3-940980-07-6
http: // www.FachverlagAMon.de

Vorwort zur ersten Auflage

Von Freunden und Bekannten wurde ich öfter aufgefordert, meine Lebensgeschichte niederzuschreiben und öffentlich bekannt zu machen. Obgleich dieses für mich, bei einem eben nicht sehr treuen Gedächtnis, eine schwere Aufgabe war, so habe ich mich doch entschlossen, diesen Aufforderungen nachzugeben und meine Lebensereignisse kurz und der Wahrheit gemäß zu schildern.

Ich bitte den geneigten Leser dieses kleine Werk als eine einfache ungeschmückte Erzählung meiner vielen Leiden und Unglücksfälle, die ich besonders in den beiden denkwürdigen Feldzügen in Spanien und Russland erlebt habe, zu betrachten und mit der Darstellung eines in schriftstellerischen Arbeiten Ungeübten gütige Nachsicht zu haben.

Dransfeld im Monat Juli 1836

Jakob Meyer

Vorwort zur zweiten Auflage

Die Teilnahme mit der von vielen Seiten die Erzählung meiner Lebensgeschichte aufgenommen ist, so dass innerhalb eines Jahres über 500 Exemplare der ersten Auflage vergriffen waren, hat mich bewogen, mein Buch von Neuem durchzusehen, zu verbessern und zu vermehren. In dieser neuen Gestalt biete ich es jetzt einem teilnehmenden Publikum dar, indem ich hoffe, dass nicht nur alle, welche gleich mir in Spanien und Russland kämpften oder welche Freunde und Verwandte in jenen Feldzügen verloren, diese Blätter als angenehme und liebe Erinnerung der Vergangenheit durchblicken werden, sondern, dass auch jeder, welcher mit Interesse auf jene großen welthistorischen Begebenheiten zurückblickt, diese einfache, ungeschmückte Erzählung nicht ohne Befriedigung aus der Hand legen wird.

Dransfeld im März 1837

Jakob Meyer

Vorwort zur dritten Auflage

Es gereicht mir zu einer eben so unerwarteten als großen Freude, dass mich der Beifall, mit welcher auch die zweite Auflage meines Werkchens vom nachsichtigen Publikum aufgenommen ist, in den Stand gesetzt hat, demselben hiermit eine dritte mit vielen Zusätzen erschienene und möglichst verbesserte Auflage der Erzählungen und Kriegsabenteuer während der berühmten Feldzüge in Spanien und Russland in den Jahren 1808 bis 1813 darbieten zu können.

Ich darf versichern, dass der mir geschenkte Beifall mir ein mächtiger Sporn geworden ist, manche Lücke besser auszufüllen und mancher Darstellung größere Lebendigkeit zu geben und überlasse mich der freudigen Hoffnung, dass diese Auflage auch ein größeres Publikum nicht ganz unbefriedigt lassen werde.

Dransfeld im Mai 1838

Jakob Meyer

Vorwort zur Auflage 2008

Die Ihnen vorliegende Lebensgeschichte des Jakob Meyer wird nunmehr erstmals seit dem Jahre 1838 wieder der Vergessenheit entrissen. Sie ist viel zu kostbar, die Geschichte über das innere Gefüge der Armee des Königreichs Westfalen viel zu selten, um in Archiven oder Bibliotheken vergessen zu werden.

Erneut wurde die Schrift der aktuellen Schreibweise und dem modernen Schriftbild angepasst. Wo immer es nötig schien oder zur weiteren Information des heutigen Lesers dienen, wurden Fußnoten und in der Anlage eine kurze Ausarbeitung der Organisation eines königlich westfälischen Infanterie-Regiments und seiner Artillerie zugefügt.

Engelskirchen im Mai 2008

Alexander Monschau
Verleger

1.Kapitel
Kinder- und Jugendzeit

Im Jahre 1786 wurde ich in dem Marktflecken Adelebsen bei Göttingen von frommen und braven Eltern geboren. Meine sehr gute Mutter verlor ich unerwartet und leider sehr früh. Mein Vater verehelichte sich darauf zum dritten Mal mit einer Witwe, welche mehrere unmündige Kinder aus ihrer ersten Ehe mitbrachte.

Es entstanden, wie es unter solchen Umständen zu geschehen pflegt, Misshelligkeiten und darunter litt die häusliche Ordnung. Wegen meines von Kindheit auf unruhigen Temperamentes konnte mich mein Vater in seinen Geschäften nicht gehörig gebrauchen. Groß war meine Wissbegierde und Freiheitsliebe, daher dachte ich schon nach kaum zurückgelegten Schuljahren daran, in der Welt mein Glück zu versuchen.

Mein Vater schickte mich zu einem Oheim bei Marburg, ich brachte hier aber nur ein Vierteljahr zufrieden zu und begab mich nach Frankfurt am Main, wo ich aber wegen meiner Jugend und aus Mangel an Empfehlung nicht unterkommen konnte. So musste ich dann wieder nach der Heimat zurück; der Empfang von Seiten meines Vaters war, wie man sich leicht denken mag, nicht der liebreichste.

Ich brachte nun ein halbes Jahr zu Hause zu, nach dessen Verlauf meine Stiefmutter mich veranlasste, mich zu ihrem Bruder R. Meyer aus Hannover zu begeben, welcher damals im Jahr 1804 Lieferant bei der französischen Armee in Mölln war. Der Vater gab mir gern seine Einwilligung; mit wenigem Reisegeld und einem Empfehlungsschreiben an R. Meyer ausgerüstet reiste ich ab.

Ich erkrankte auf der Reise im Lauenburgischen und krank gelangte ich nach Mölln. Es wurde mir aber eine freundliche Aufnahme zu Teil und durch die Hilfe eines Arztes konnte ich nach einigen Tagen das Krankenlager wieder verlassen.

Da ich indes die französische Sprache nicht erlernt hatte, so konnte mich Herr Meyer nicht gebrauchen; derselbe gab mir daher einige Taler zur Rückreise, welche ich aber anzutreten keine Lust hatte, ich fasste vielmehr den Entschluss in Hamburg mein Glück zu versuchen.

In Mölln, wo ich noch einige Tage zubrachte, sah ich die Franzosen täglich exerzieren und manövrieren, welches mir bald Lust zum Militärdienst einflößte. Mein Wunsch nach Hamburg zu reisen wurde durch einen Reisenden, welcher mich frei mitzunehmen erbot, erfüllt.

Ich traf hier einen Landsmann, mit welchem ich Bekanntschaft machte und welcher mir eine Stelle verschaffte, die ich vier Jahre lang bekleidete und noch länger bekleidet haben würde, wenn nicht mein Missgeschick es anders gewollt hätte.

Ich entbrannte nämlich in Liebe zu einer jungen, schönen Hausgenossin, einer nahen Verwandten meines Prinzipals und meine Liebe blieb nicht ohne Erwiderung. Es entspann sich unter uns ein heimlich zärtliches Verhältnis, das mir manche glückliche Stunden bereitete.

Nicht lange sollte aber dieses Glück dauern. Hämische Hausgenossen machten meinen Prinzipal auf unser Verständnis aufmerksam und dieser, dem ich nicht reich und angemessen genug war, missbilligte unsere Liebe und suchte ihr durch meine Entfernung ein Ende zu machen. Ich musste meinen Dienst und somit Hamburg verlassen und nie habe ich die Geliebte meiner Jugend wiedergesehen.

Der Mangel eines Unterkommens trieb mich nun wieder nach der Heimat. Während meines Aufenthalts in Hamburg hatte ich Bekanntschaft mit einem Lehrer der englischen Sprache gemacht, dem ich manches Gutes zu verdanken hatte, indem er mir täglich Unterricht gab und außerdem über Manches mich belehrte. Besonders prägte er mir einen edlen Freiheitssinn ein, welche meine Neigung zum Kriegerleben noch vermehrte.

2.Kapitel
Eintritt in die westfälische Armee

Mein Vater sah wohl ein, dass der Aufenthalt in Hamburg einen solchen Einfluss auf mich ausgeübt hatte, dass ich an seine Lebensart, Gewohnheit und Sitte mich schwerlich je gewöhnen würde; er bewog mich aufs Neue den Geburtsort zu verlassen und er verschaffte mir einen Dienst bei einem guten Freund im Hessischen, einem gewissen Kugelmann, einem wahrhaft braven Manne, mit dessen Sohn ich in sehr freundschaftlichen Verhältnissen lebte; indessen vertrieb mich schon nach einem halben Jahre Zwietracht mit der alten Frau aus dem lieb gewonnenen Hause.

Wieder nach Hause zu reisen stand mir nicht an, indem ich nicht die zärtliche Aufnahme von meinem strengen Vater zu erwarten hatte; ich begab mich nach der Residenz des Königs Jerome Napoleon.

In Kassel sah ich täglich die Exerzitien des schönen westfälischen Militärs, überzeugte mich von der guten Behandlung der Soldaten und so kam mir der Gedanke als Volontär in Dienste zu treten.

Es rückte in dieser Zeit gerade das schöne 3.Linien-Regiment, von Braunschweig kommend, neu organisiert, in Kassel ein und dieser Anblick machte einen solchen Eindruck auf mich, dass ich, von aller übrigen menschlichen Hülfe verlassen, an meinen ferneren Fortkommen verzweifelnd den Entschluss fasste, die Konskription[1] nicht abzuwarten.

Hatte ich doch so auch die Hoffnung, meinen konskriptionsfähigen Bruder, der wenig Neigung zum Soldatenwesen hatte, vom Militärdienst zu befreien. In dieser Absicht ließ ich mir von dem Obristen des Regiments, bei dem ich Dienste nahm, eine Bescheinigung aufsetzen, welche aber, als ich schon lange in Spanien war, von der Rekrutierungskommission für nichtig erklärt wurde und meinen Bruder nicht befreite.

Der Capitain, bei dem ich mich als Volontär meldete, war der Herr von Meyern[2]. Dieser menschenfreundliche Offizier führte mich nebst einem Herrn von Tallart, ebenfalls ein Freiwilliger, zu dem Prinzen von Salm, wel-

---

[1] Konskription - die Konskription ist eine bedingte Verpflichtung zum Militärdienst. Die Befreiung durch Loskaufen oder Stellung eines Ersatzes (Stellvertreter) war möglich.

[2] von Meyern. Ursprünglich stand er im Range eines Capitains in braunschweigischen Diensten, wechselte dann nach der Errichtung des Königreichs Westfalen in die neu aufgestellte Armee. Im April 1808 war er Kommandant von Peine und wurde im gleichen Jahr als Capitain im 3.Linien-Regiment geführt. Er starb 1809.

cher Oberst von diesem Regimente war und uns beide Rekruten beeidigen ließ[3].

Der Oberst sagte zum Capitain, dass er sich einen von uns beiden für seine Kompanie wählen möchte und empfahl mich als seinen Namensgenossen. So kam ich denn glücklicherweise unter die Leitung eines guten Capitains in der 3.Kompanie des I.Bataillons.

Ich wendete allen möglichen Fleiß an, um bald exerzieren und Garnisons- und Felddienst kennen zu lernen, so dass ich schon nach Verlauf von drei Monaten Korporal wurde. Der gute Capitain wurde mir täglich gewogener und gab mir Gelegenheit, mit der Administration der Kompanie mich zu beschäftigen, da ein nachlässiger Sergeant-Major, ein Herr von O...n, seinen Dienst sehr vernachlässigte, so dass ich die täglichen Rapports abstatten und Mehreres in der Abwesenheit des Sergeant-Majors machen musste.

Es wurde um diese Zeit den Capitains in einer Regiments-Ordre aufgegeben, dass jede Kompanie ein Habillements-Buch in drei Tagen fertig haben solle. Unser Hauptmann fragte mich, ob ich es wohl wagte, ein solches Buch nach dem vorgelegten Schema, in der vorgeschriebenen Frist zu verfertigen, indem er befürchtete, dass der Sergeant-Major, welcher gerade zu jener Zeit Arrest hatte, solches nicht fertig liefern würde.

Ohne mich lange darauf zu bedenken, übernahm ich diese nicht leichte Aufgabe und glücklicherweise vollendete ich sie schon den anderen Tag. Den dritten Tag übergab ich die Arbeit dem Capitain, welcher damit sehr zufrieden zu sein schien; auch hatte ich bald die Freude von ihm zu vernehmen, dass mein Buch für gut befunden sei und ich wurde dafür von ihm beschenkt.

Derselbe empfahl mich auch dem Präsidenten Jacobson zu Kassel, welcher mich eines Morgens kommen ließ und mich ermahnte dem Militärdienst treu zu bleiben und mich mit einem Geldgeschenk freundlich entließ.

In dieser Zeit bekam unser Regiment einen Franzosen namens Danlup Verdun[4] zum Obristen, welcher vermutlich die Veranlassung gab, dass unser

[3] Florentin Wilhelm Prinz von Salm-Salm. Geboren am 17.März 1786, verheiratet mit Flamina von Rossi, der Schwester des Oberst von Rossi. War zuerst Oberst und Kommandeur des 3.Linien-Regiments, wurde Adjutant des Königs und wurde 1812 mit dem Befehl des Regiments *Königin* betraut. Am 24.Oktober 1813 zum Brigadegeneral befördert, trat er nach dem Zusammenbruch des Königreichs Westfalen in holländische Dienste über.

[4] eigentlich: Louis Danloup-Verdun. Geboren zu Paris trat er am 17.Juni 1789 als Freiwilliger in die Pariser Nationalgarde ein und avancierte bis zum Major. Am 30. März 1808 trat er als Major in die königlich westfälische Armee über, war am 03.Mai 1808 Oberst im 2.Linien-Regiment, wurde am 11.Juni 1808 Adjutant des Königs und

Regiment bei jedem Bataillon eine Grenadier- und Voltigeur-Kompanie erhielt.

Gegen meinen Wunsch wurde ich als Korporal bei der 1.Voltigeur-Kompagnie angestellt. Mein Capitain, aus dessen Kompanie ich ungern trat, empfahl mich aber alsbald meinem neuen Capitain, H. von Lindern[5], einem zwar sehr strengen aber Gerechtigkeit liebenden Manne. Von unserem neuen Sergeant-Major, namens Scharnikhausen und dessen Frau, einem bitterbösen Weibe, hatte ich manche Widerwärtigkeiten zu erdulden, wurde aber bald, zu meiner großen Freude, durch einen Regimentsbefehl zum Sergeanten bei der 3.Kompanie des III.Bataillons, welche der sehr brave Capitain von Pawel kommandierte, ernannt.

Einen damals erhaltenen 8-tägigen Urlaub benutzte ich zu einem Besuche des Vaters, welcher hocherfreut war, mich in einer schönen Uniform als Unteroffizier zu sehen.

am 22.Juni 1808 Colonel im 3.Infanterie-Regiment. Im Jahre 1810 stand er als Oberst im 8.Linien-Regiment, wurde am 05.April 1811 zum Brigadegeneral und am 24.Oktober 1813 zum Divisionsgeneral ernannt. Nach dem Zusammenbruch ging er als Brigadegeneral in französische Dienste zurück. 1820 verabschiedet, starb er am 01.Juli 1847 in Versailles.

[5] H. von Lindern. Trat aus preußischen Diensten in die Armee Westfalens über. Nachdem er zuerst als Capitain im 3.Linien-Regiment gestanden hatte, war er am 10.März 1809 Bataillonschef im 1.Infanterie-Regiment. Am 27.Februar 1812 war er Major im 5.Linien-Regiment und kommandierte am 12.August 1812 als Major das Garde-Bataillon der Jäger-Carabiniers. Nachdem er am 17.März 1813 als Major im Regiment der Füsilier-Garde gedient hatte, kehrte er nach dem Zusammenbruch des Königreichs wieder in preußische Dienste zurück.

3.Kapitel
Nach Spanien

Bald darauf erhielten wir Befehl uns marschfertig zu halten, die Rede ging davon, dass wir nach Spanien marschieren würden. Mit Leib und Seele hing ich damals an diesem glänzenden Elend, freute mich schon im Voraus, durch Frankreich nach Spanien zu marschieren und mein Wunsch wurde erfüllt.

Die erste Division, welche aus dem 2., 3. und 4.Linien-Regiment, einem Bataillon gelernter Jäger und einem Bataillon leichter Infanterie und einer Fuß-Batterie bestand, erhielt Ordre zu marschieren. Unser Regiment wurde nach Hirschfeld beordert, wo wir eine Zeitlang in Kantonierung lagen. Wir erhielten zugleich einen anderen Oberst, Namens Zink[6], einem sehr strengen Mann, welcher früher in hessischen Diensten gestanden hatte

Im Monat Januar 1809 erhielt unser Regiment Befehl schleunigst zu marschieren. Wir erhielten unsere Marschroute über Fulda, Hanau und Frankfurt nach Mainz, wo sich die ganze Division versammelte.

Nach einigen Ruhetagen marschierten wir über Worms, Speyer, Landau, Weißenburg, Hagenau nach Metz. Es war dieser Marsch durch die Rheingegenden ein wahres Vergnügen, welches dadurch erhöht wurde, dass wir mit den Einwohnern in gutem Einverständnis waren.

In Metz lagen wir drei Wochen lang in Kasernen. Das gelernte Jäger-Bataillon, hiermit unzufrieden, warf die Matratzen und Decken zum Kasernenfenster hinaus und rottete sich vor der Kaserne zusammen, um einquartiert zu werden.

Der damalige Chef dieses Bataillons, Hr. von Dörenberg[7], vermochte die Truppe kaum im Zaum zu halten; alsbald erfolgte aber von dem Divisions-

---

[6] Zink. Er trat aus hessischen Diensten in die westfälische Armee über. 1808 stand er zunächst als Bataillonschef im 3.Linien-Regiment und wurde am 09.Januar 1809 zum Oberst und Kommandeur ernannt. Am 15.Juli 1810 wurde er zum Oberst und Befehlshaber des Bataillons der Grenadier-Garde befördert und im Januar 1811 als Brigadegeneral verabschiedet. Nach dem Zusammenbruch des Königreichs trat er 1813 wieder in hessische Dienste. Er starb am 18.Januar 1820 in Darmstadt. Wie der Autor beschreibt, galt er als ein sehr grober, rücksichtsloser aber auch sehr tüchtiger Offizier.

[7] eigentlich: Wilhelm Kaspar Ferdinand Freiherr von Dörnberg. Geboren am 14.April 1768 auf Schloss Hausen bei Hersfeld, trat er 1796 aus hessischen in preußische Dienste über. Am 29.Dezember 1812 war er Chef des Bataillons der Grenadier-Garde, dann Major im 3.Linien-Regiment und am 18.Mai 1808 endlich Oberst im Bataillon der Jäger-Carabiniers. Er leitete 1809 den Aufstand in Hessen und starb 1850 in Düsseldorf.

General der Befehl, dass dieses Bataillon nach Westfalen zurück marschieren sollte.

Während unseres Aufenthalts in Metz wurde unsere Division täglich mit Manövrieren gequält und wir sehnten uns nach einem endlichen Aufbruche, indem wir uns Spanien als ein Paradies dachten, wo Wein in Strömen uns entgegen fließen würde.

In der Osterwoche marschierten wir endlich aus und nahmen unsere Route über Nancy, Straßburg, Schlestädt, Colmar, Befort nach Besancon, wo Ruhetag gehalten wurde. In dieser sehr starken Festung sahen wir viele englische Kriegsgefangene.

Von hier aus rückten wir nach Dijon, wo wir die ersten spanischen Kriegsgefangenen sahen. In dieser Stadt konnte ein großes Unglück entstehen, wenn der General nicht gleich passende Vorsichtsmaßregeln ergriffen hätte. Als unser Regiment nämlich kaum eingerückt und in Quartiere verlegt war, wurde unverhofft Generalmarsch und gleich darauf zum Ausrücken geschlagen. Alles griff zu den Waffen, die Bürger stürzten aus den Häusern; niemand wusste aber, was vorgegangen war, bis wir auf unseren Versammlungsplatz anlangten und in Erfahrung brachten, dass ein Voltigeur von unserer Division von einem Bürger tödlich verwundet sei. Es geriet Alles in Wut und es war den Offizieren fast unmöglich die Soldaten zu beruhigen. Die Stadtbehörde suchte uns damit zu besänftigen, dass eine genaue Untersuchung stattfinden sollte. Unser General machten dem Unfug damit ein Ende, dass wir von dem Alarmplatze noch eine Etappe weiter marschieren mussten.

Nachdem wir Ruhetag gehalten hatten, marschierten wir von hieraus nach Chalons, wo die Division auf platten Fahrzeugen eingeschifft wurde und auf der Rhone nach Lyon hinunter fuhr.

Hier wurden die Truppen, um sich zu erholen, ausgeschifft, des Nachmittags ging es jedoch wieder zu Schiffe weiter. Ungeachtet die Zeit auf den Schiffen uns lange dauerte, so ergötzte uns doch die äußerst schöne Gegend der Rhone-Gebirge; auch wurden wir auf den Schiffen, wo es an Wein, Branntwein und Käse nicht fehlte, gut verpflegt.

Nach einer Fahrt von 12 Tagen wurden wir in Bourg ausgeschifft. Die Kolonne setzte sich nach Nismes in Marsch, in welcher schönen Stadt ich zufällig in das Haus eines portugiesischen Glaubensgenossen, Namens Salvedoir, eines sehr reichen und angesehenen Mannes, eingeführt wurde. Bei einer fröhlichen, durch reichlichen Wein und die Gegenwart zweier schöner Mädchen aufgeheiterten Mahlzeit entspann sich auch ein Gespräch über unsere Religion und zu seiner sehr großen Freude vernahm mein Wirt, dass ich aus dem Liviten-Geschlechte abstammte.

Der gute Mann, der einen 16-jährigen Sohn durch den Tod verloren hatte, machte mir das Anerbieten, dass ich bei ihm bleiben möchte; mein Sinn beharrte aber darauf nach Spanien zu marschieren, obgleich man mir vorstellte, dass das Klima höchst nachtheilig auf mich einwirken würde und dass die Strapazen eines Krieges unendlich drückend wären. Ich zog die gefahrvollere, glänzendere Laufbahn jeder anderen vor.

Wir zogen nun nach Montpellier und Bezieres, passierten Narbonne und gelangten nach Perpignan. Hier wurden den Truppen einige Rasttage zur Erholung und zur Empfangnahme der sämtlichen Feldgerätschaften und Munition vergönnt.

Indessen erhielt jedes Regiment die Anweisung, dass jedes III.Bataillon von jedem der drei Regimenter, welche das Depot bilden sollten, in Perpignan bleiben sollte. Ein Todesschrecken überfiel mich, als ich den Befehl las, dass ich nicht über die Pyrenäen marschieren sollte. Ich suchte einen alten Sergeanten, Namens Aumann, welcher früher in holländischen Diensten gestanden und schon Feldzüge mitgemacht hatte, zu überreden, mich an seiner Statt nach Spanien marschieren zu lassen; zu meiner Freude willigte derselbe gern ein. Auch wurde mir die Einwilligung des Obristen zu Teil, welcher mir zwar vorstellte, dass ich es in Perpignan besser hätte; ich versicherte aber, dass ich alle Schicksale mit meinen Kameraden zu teilen willens sei.

Ich wurde noch denselben Tag zur 3.Kompanie des I.Bataillons versetzt. Auf die Frage meines neuen unfreundlichen Capitains Bellmer[8], ob ich wohl glaubte, dass die Gänse in Spanien gebraten umher gingen, erwiderte ich: „Das wohl nicht, aber ich habe einen sehr großen seidenen Strumpf bei mir, welchen ich voll mit spanischen Dublonen nach Hause zu bringen gedenke."

Diese Antwort gefiel ihm wohl sehr und alle Hindernisse waren nun glücklich beseitigt.

Der Tag zum Aufbruch wurde durch einen Divisions-Befehl auf den 04. Mai 1809 festgesetzt und so rückten wir bis Bullo, einem Dorf am Fuß der Pyrenäen, wo wir Nachtquartier erhielten.

---

[8] Bellmer,. Er trat aus preußischen Diensten in die königlich westfälische Armee über, wo er 1808 als Capitain im 3.Linien-Regiment, 1813 als Bataillonschef im 4.Linien-Regiment, dann im 4.leichten Bataillon und endlich im neu errichteten 9.Linien-Regiment diente. Am 26.Januar 1813 stand er dann erneut im 4.Infanterie-Regiment.

Den folgenden Tag vor unserem Abmarsch wurden die Gewehre schon scharf geladen. Von hier aus ging der Zug über die hohe Gebirgsmasse; bei der auf einem hohen Berge gelegene Zitadelle Bellegarde wurde Halt gemacht und noch Lebensmittel in Empfang genommen.

Endlich erreichten wir jenseits der Pyrenäen den ersten spanischen Flecken Jonquiera, der mit einem zu unserer Armee gehörenden Schweizer-Bataillon besetzt war und zum ersten Mal biwakierten wir nicht weit davon in einem Walde; hier wurde unseren Truppen angedeutet, dass sie auf ihrer Hut sein müssten, weil, im Fall sie in der Insurgenten Gewalt gerieten, von diesen kein Pardon zu erwarten wäre.

Den folgenden Tag erreichten wir die kleine schmutzige Stadt Bascara, wo wir einquartiert wurden. Weiter ging es dann nach Figueras, einer offenen Stadt mit einer sehr schönen Zitadelle, welche aus lauter roten Backsteinen erbauet ist. Aus diesem Ort hat man eine herrliche Aussicht nach Norden auf die Pyrenäen, nach Osten auf das Mittelländische Meer und nach Süden auf lachende freundliche Täler. Schade ist es, dass dieses schöne Land von einer so verstickten, schlechten Menschenklasse bevölkert ist.
In Figueras wurden wir einquartiert, ich erhielt mit unseren drei Kompanie-Sergeanten das Quartier bei einem hässlichen Weibe, einer unfreundlichen Witwe, die uns nicht ins Gesicht sehen mochte; selten trafen wir hier ein freundliches Gesicht an; wir mussten fast in jedem Katalonier einen Feind erblicken.

Nach abgehaltenem Rasttag marschierten wir nach Medina, einem anderthalb Stunden von Gerona entfernten Dorfe, wo wir zwei Regimenter Bergischer Truppen im Lager vorfanden, die uns, als wir vorbei marschierten, salutierten.
Den 08.Mai nahm unsere ganze Division Stellungen ein diesseits Sarga und Pontmajo, zweien durch eine steinerne Brücke über den Ternone-Fluß verbundene Dörfer. Die beiden Dörfer wurden von unseren Truppen genommen und der Feind bis unter die Kanonen der Zitadellen von Gerona zurückgeschlagen.
An diesem Tage wurde ich von meinem Capitain auf die Probe gestellt, die Reihe auf Pikett war noch nicht an mir und doch musste ich auf Veranlassung meines Capitains mit neun Mann und einem Korporal diesen Posten besetzen. Ich war kaum eine Stunde auf Pikett angelangt, als der Feind in Masse bis auf Kanonenschussweite vorrückte. Während ich dieses dem Hauptpikett rapportierte, begann alsbald das kleine Gewehrfeuer der Tirailleurs von

Seiten des Feindes; ich blieb indessen treu auf meinem Posten, bis unsere Truppen über den Berg uns zu Hilfe kamen; bei diesem meinem ersten Vorpostengefecht hatte ich zwei Verwundete, unter denen der Stellvertreter Klara schwer verwundet war.

Ich mag es nicht leugnen, dass ich in der ersten Stunde, wo die Spanier mit zwei Kanonen jenseits des Flusses auf uns herüber feuerten, ängstlich wurde; aber das Ehrgefühl und die Gefahr, welche vielleicht entstanden wäre, wenn ich meinen Posten verlassen hätte, hielten mich fest auf der Linie, bis ich von unseren Voltigeurs, welche mit dem Feind handgemein wurden, unterstützt wurde. Die schreckliche Sonnenhitze und das beständige Feuern machte mich zuletzt kaltblütiger, so dass mich endlich ganz alle Furcht verließ.

Noch denselben Tag wurde Gerona von zwei Seiten berannt. Den folgenden Tag vereinigten sich zwei Bergische und zwei Würzburgische Regimenter mit uns in einem Lager.

Eine französische Division unter dem General St.Cyr und eine Division Italiener, von dem General Pino befehligt, rückten einige Tage später zu uns, so dass nun die förmliche Belagerung ihren Anfang nahm. Die Angriffe der Insurgenten von Außen und das Kanonenfeuer aus der Festung und den vielen Zitadellen nebst dem Feuer aus dem Wurfgeschütz hörte fast den ganzen Tag nicht auf. Wenn ein Konvoi nach Perpignan abgeschickt wurde, so musste jedes Mal ein oder zwei Bataillons zur Eskorte mitgeschickt werden.

Wie oft wurden unsere Konvois von den Briganten überfallen, die Eskorte zerstreut und die auf den Karren liegenden Kranken und Verwundeten auf das Schrecklichste umgebracht, wo wir denn im Lager mehrere Tage Hunger leiden mussten, bis wieder Lebensmittel eintrafen.

Neun Monate lang wurde Gerona belagert, wobei es fünf Monate lang beständig beschossen wurde. Wir verloren durch die vielen Gefechte, durch Ruhr und Nervenfieber eine sehr große Anzahl Leute.

Bei einem fehlgeschlagenen Sturm auf die starke Zitadelle Montehuit, den 08.August morgens sehr früh, verlor die Armee über zweitausend Mann meistenteils Eliten; von unserem Regiment blieb der brave Lieutenant von Lellon[9].

Unsere Kompanie stand an jenem Tage in den Laufgräben an einer Mühle, rechts von der Chaussee, vor Gerona und deckte die rechte Flanke der Stürmenden. Durch einen einzigen Kartätschenschuss sah ich über zwölf Mann von den Mailänder Garde-Grenadieren, kaum achtzig Schritt vor unserer Stellung, tot und verwundet darnieder sinken. Verwundet wurde auch

---

[9] eigentlich: Johann Georg von Lelong. Er trat aus hessischen Diensten in die Armee des Königreichs Westfalen über, wo er ab März 1808 als Unterleutnant im 3.Linien-Regiment diente. Er fiel am 08.Juli 1809 vor Gerona.

der brave Sergeant Decüder aus Kassel, ein hoffnungsvoller Unteroffizier, welcher auch bald an der Wunde starb. Ich erhielt durch einen von der Mühlenmauer abgeschossenen Stein eine Kontusion[10] an der linken Backe, wovon mir eine Narbe übrig geblieben.

Mit meiner Gesundheit ging es noch ziemlich gut, es fehlte mir nicht nichts. Unser Sergeant-Major Furier und zwei Sergeanten, waren schon im Hospital, wodurch der Dienst bei unserer Kompanie sehr erschwert wurde.

Im Anfang September 1809, wurde unser Lager von fünf- bis sechstausend Insurgenten bei Tage überfallen; was sich nicht retten konnte, wurde vom Feinde niedergemacht, unsere meisten Soldaten waren auf Pikett und Arbeitskommando, es wurden uns mehrere im Lager liegen gebliebene Kranke in den Hütten verbrannt und manche getötet, welches Schicksal auch dem Lieutenant Holzschuh[11], einem bejahrten guten Offizier, widerfuhr.

Unser leichtes Bataillon hielt die Überfallenden so lange auf, bis der General Pino mit seiner Division uns zu Hilfe eilte und den Feind weit ins Gebirge verfolgte. Die Besatzung von Gerona verhielt sich zu unserem Glücke diesen Tag ruhig, obschon die Insurgenten Lebensmittel hineinschickten.

Tag und Nacht wurden wir fortwährend vom Feinde beunruhigt; jeden Morgen und Abend standen unsere Truppen unter Gewehr, öfters wurden uns Leute, welche kaum eine Viertelstunde vom Lager sich entfernten, um Weintrauben zu holen, totgeschossen. So fand ich zwei Soldaten von unserer Kompanie, welche heimlicher Weise das Lager verlassen hatten, nicht weit totgestochen und ausgezogen, wobei ich sehr bald in Gefahr geriet, ein ähnliches Schicksal zu haben, wenn ich mich nicht früh genug aus dem Staube gemacht hätte.

Im Anfang Oktober 1809 wurden die Lagerstellen verwechselt, unser Regiment musste eine Stunde rückwärts, nach Medina hin ins Lager marschieren.

Der Regen fiel an diesem Tage in Strömen herab, ich war schon einige Tage zuvor unwohl und als den folgenden Tag unser Bataillon zum Rekognoszieren[12] ins Gebirge ausrücken wollte, fiel ich rückwärts nieder, es wurde

---

[10] Kontusion - (lateinisch: Contusio) Schädigung von Organen oder anderen Körperteilen durch direkte, stumpfe Gewalt von außen ohne sichtbare Hautverletzungen.

[11] Karl Holzschuh. Er trat aus hessischen Diensten in die Armee des Königreichs Westfalen über, wo er ab 1807 als Lieutenant im 2.hessischen Infanterie-Regiment stand und ab 1808 im 3.Linien-Regiment Dienst tat. Im September 1809 wurde er in Spanien ermordet.

[12] Rekognoszieren - (veraltet) Aufklärung

mir schwarz vor den Augen, ein brennender Durst stellte sich bei mir ein, ich lag ganz bewusstlos und hörte nicht, dass unsere Truppen ausgerückt waren.

Ich mochte wohl eine Stunde ohne Bewusstsein zugebracht haben, als ein befreundeter Sergeant unserer Kompanie, Altenberg, vom Pikett zurückkam und mich in dieser Lage fand; er suchte mich mit Weinessig wieder zu ermuntern, was auch gelang; ich kam wieder zur Besinnung und bat ihn mich nach Sarga zu bringen, wo das Hauptquartier des Marschalls Augereau war.

Freund Altenberg musste mich mehr tragen als führen, es war mir unmöglich, bei der brennenden Hitze, dem schrecklichen Durst und bei einer großen Schwäche mich aufrecht zu erhalten; endlich erreichten wir nach dreistündiger Anstrengung Sarga, wo mich mein Freund für tot auf der Straße liegen lassen musste.

Als ich wieder zur Besinnung kam, lag ich nun vor einem von einem Franzosen dort etablierten Kaffeehause auf etwas Stroh, wo ich zu meiner Freude unseren Aide-Major, den sehr menschenfreundlichen Doktor Segel[13] aus Kassel, mit mir beschäftigt sah; derselbe reichte mir Limonade, welches Getränk mich wieder ins Leben zurückbrachte. Der Doktor sagte zu dem Sergeant Altenberg, dass er dafür sorgen möchte, dass ich noch denselben Tag nach Figueras ins Hospital gebracht würde.

Zu meinem großen Glücke war aber der Konvoi schon einige Stunden früher abgegangen, denn denselben Abend traf bereits die schreckliche Nachricht im Hauptquartier ein, das Konvoi sei von den Feinden überfallen, die Kranken und Verwundeten, welche sich auf 300 beliefen, auf das Schrecklichste umgebracht, bei welcher Gelegenheit wir den braven Capitain Bender vom II.Bataillon unseres Regiments verloren. Obgleich ich meiner Besinnung noch nicht vollkommen mächtig war, so dankte ich doch meinem Schöpfer, dass ich noch nicht mit fortgekommen war.

Es wurden nun aber von Marschall Augereau Maßregeln ergriffen, dass in der Folge nicht so leicht ein solches Unglück sich wieder ereignen konnte, es wurden nämlich alle Stunde von Gerona bis Perpignan, Piketts von 50 bis 100 Mann, an der Straße, auf Anhöhen mit Verschanzungen aufgestellt, dazu wurden den Konvois jedes Mal ein Bataillon mit zwei Haubitzen zur Eskorte beigegeben, welches auch in der Folge die beste Wirkung hervorbrachte.

Eine Bemerkung über die Grausamkeit der Insurgenten von der ich Augenzeuge war: Von Medina nach Figueras führt die Straße bei einer kleinen Sauerquelle vorüber, welche bei dem ersten Genusse einen lieblichen Ge-

---

[13] Segel,. Er stand nach der Rangliste für die Jahre 1810 bis 1812 als Chirurg II.Klasse im 3.Linien-Regiment und wurde 1813 als solcher in das Regiment der Füsilier-Garde versetzt.

schmack an sich hat. Später nimmt das Wasser derselben einen so unange-
nehmen Geschmack an, dass man dasselbe fast nicht ohne Widerwillen trinken kann.

In die Gegend unweit dieser Quelle, wurde ich mit einem Korporal und
neun Mann auf Pikett beordert. Bei der Ausstellung der Posten hörten wir in
dem Gebüsche ein Stöhnen und Winseln, ich begab mich mit der Patrouille
dahin und wir fanden zu unserem großen Schrecken einen Mann, eine Frau
und ein kleines Kind im Blute liegen. Der Mann und das Kind waren schon
tot und alle drei Personen waren nackend ausgezogen und auf das Grausam-
ste verstümmelt. Man konnte die Unglückliche nicht mehr verstehen; der
Tod nagte schon an ihr. Als wir die Unglückliche nach unseren Posten brachten, starb auch sie.

Bei näherer Erkundigung ergab es sich, dass es ein Sergeant, von einem
italienischen Regimente, mit Frau und Kind war, welche zu unserem Armee-
Korps gehörten. Unser Posten wurde dieselbe Nacht noch mit einiger Mannschaft verstärkt.

Ich gehe zu meiner Geschichte wieder zurück.

Erst den vierten Tag wurde ich mit einem Transport nach Figueras abgeführt, wo ich einige Tage in einer elenden Krankenanstalt auf einem Strohsa-
cke liegen musste. Hier sah ich einen guten Freund, den Sergeant-Major Ro-
senbach aus Münden, auf einem solchen unreinen Strohsack sterben.

Der Geruch, welcher in diesem Krankenhause verbreitet war, war fürchterlich, indem die meisten Kranken, welche die Ruhr hatten, alles verunrei-
nigten. Drei schreckliche Tage musste ich hier zubringen, dann wurde ich
mit den übrigen Kranken auf Karren gepackt und von einem zahlreichen
Kommando transportiert. Welch einen grässlichen Anblick hatten wir unterwegs! Verstümmelte und nackte Leichname unserer Kameraden, zerbroche-
ne Karren hemmten hier und da unseren Zug. Da brachte ich zurück die
wohlgemeinten Ermahnungen des Herrn Salvedoir.

Wir erreichten indessen ohne weitere Begebnisse Perpignan und wurden
ins General-Hospital gebracht; die Kleidung wurde nun gewechselt. Meine
Krankheit ging in Nervenfieber über, in welchem ich über acht Tage bewusstlos lag. Mir gegenüber lag der sehr befreundete Fourrier Höpfner aus Brem-
ke, welchen ich leider tot aus seinem Bette tragen sah, wie überhaupt fast täglich viele Tote aus dem Krankensaal gebracht wurden.

In dem Hospital herrschte außerordentliche Reinlichkeit, sehr sorgfältig
wurden die Kranken von den Krankenwärtern und den Ärzten behandelt. Die
mitleidigen Schwestern, ehemalige Nonnen, in der Revolution aus ihren

Klöstern vertrieben, übten in dieser Anstalt den edelsten Wohltätigkeitssinn aus. Ich selbst wurde von einer solchen Nonne in meiner Krankheit gepflegt; sie ging nicht von mir, bis ich ihr das abgenommen hatte, was sie mir zu reichen pflegte.

Eines Tages erhielt ich von einem in Perpignan wohnenden Israeliten, Namens Weil, einen Besuch im Hospital, den er täglich wiederholte. Als ich endlich nach vierwöchentlicher Krankheit das Hospital verlassen konnte, wurden durch die höchst gastfreundliche Behandlung des Herrn Weil meine Kräfte so ziemlich wieder hergestellt, so dass ich bald wieder zur Armee nach Katalonien geschickt werden konnte. Ich stand damals unmittelbar unter dem Depot-Kommandanten Capitain Klökner[14].

Nach einem Aufenthalt von sechs Wochen in Perpignan marschierte ich mit einem starken Konvoi zur Armee. Am Tages unseres Abmarsches überfiel mich eine gewisse Angst, die ich fast nicht verbergen konnte; unsere Eskorte war zwar zahlreich, dennoch hatte ich bange Ahnung. Eine Reihe von Karren, mit Lebensmitteln beladen, machte eine halbstündige Kolonne aus.

In Jonquera, welches ein Schweizer-Bataillon zur Besatzung hatte, wurde die Nacht gelagert; den folgenden Tag, als wir noch kaum zwei Stunden zurückgelegt hatten, wurde zur ungewöhnlichen Zeit Halt gemacht. Ich befand mich bei dem Nachtrab und konnte nicht begreifen, warum die Kolonne stille hielt. Ein französischer Offizier, welcher die Arrieregarde kommandierte, schickte mich mit noch einem seiner Unteroffiziere voran; wo wir denn bald zu unserer Bewunderung sahen, wie der Chirurg mit dem Verbinden unseres kommandierenden Generals beschäftigt war, indem wir bei der Nachhut keinen Schuss hatten fallen hören. Die Eskorte bestand aus drei Kompanien Franzosen, 50 Mann italienischer Chevaulegers, zwei Haubitzen, und etwa 100 Mann Rekonvaleszenten aus verschiedenen Nationen.

Noch hatten wir keinen Feind gesehen, als ich aber wieder zu der Arrieregarde zurückkehrte, hörte man einige Schüsse fallen, die Hälfte der Kavallerie kam zu uns und deckte die Kolonne von hinten. Wir hatten nun eine gefährliche Stelle zu passieren, einen Engpass mit kleinen Wasser, worüber eine steinerne Brücke ging, von Anhöhen begrenzt. Auf einer dieser Anhöhen konnten wir die Rotmützen (so wurden die Insurgenten von ihrer Kopfbedeckung genannt) schon wahrnehmen; diese Position hatten sie meistenteils besetzt und fügten von da den Konvois sehr viel Schaden zu.

Als wir noch eine Viertelstunde von der Brücke waren, ließ der General die hinterste Abteilung Kavallerie den Berg umgehen und so waren wir nicht kanonenschussweit an der Brücke angelangt, als die Feinde ein heftiges Feu-

[14] eigentlich: Klöckner. In den Jahren 1808 bis 1810 wird er als Capitain im 3. Linien-Regiment geführt. Weiteres ist nicht bekannt!

er vom Berge herab auf unsere Avantgarde, welche aus der einen Abteilung Reiter bestand, machte. Es wurden mit der Haubitze einige Schüsse getan, welche keinen Erfolg hatten.

Die Anhöhen wimmelten von Feinden; wie uns da zu Mute war, lässt sich denken, indem die öfteren Gräuel, welche hier vorkamen, uns vor Augen standen. Plötzlich wurde vorn Sturmmarsch geschlagen und so passierte der Vortrab die Brücke, wo ein Hagel von Kugeln vom Berge herab fiel; zu unserem Glücke erhielten wir 100 Mann von einem in der Nähe stehenden Pikett zu Hilfe, welche uns entgegen kamen. Dieses war die Ursache, dass die Avantgarde so rasch über die Brücke setzte.

Aber nun kam die hintere Abteilung Chevaulegers an die Anhöhe gesprengt, die vorderen kamen diesen ebenso geschwinde entgegen, unsere Infanterie war gleich dahinter und so wurde der Berg von Feinden gereinigt, wobei sich die Kavallerie sehr auszeichnete; ein Trompeter dieser Waffengattung hieb 5 Insurgenten darnieder. Aber wir hatten aber auch 8 Tote und mehrere Verwundete.

Wir erreichten nun ohne weitere Hindernisse Figueras, wo wir die Nacht auf den Straßen biwakieren mussten, von hier aus langten wir glücklich im Lager vor Gerona an.

Unsere ganze Kompanie bestand nur noch aus dem Capitain Bellmer, dem Lieutenant von Weber[15], Sergeant Altenberg, zwei Korporalen und etwa noch 37 Mann, welche Dienst tun konnten.

Die Belagerung und das schreckliche Bombardement dauerte fort. Dabei wurden wir täglich von Insurgenten beunruhigt. Der Dienst war sehr schwer, von Arbeitskommando auf Pikett, von da auf Wache und wieder zum Rekognoszieren ins Gebirge.

Der gefährlichste Posten war eine Bomben-Batterie Nr. 11, so nahe an der Stadt, dass nur der Fluss noch eine Scheidewand bildete; dieser Posten war beständig mit einem Bataillon Westfalen besetzt.

Die täglichen Verluste an Mannschaft, wurden durch die uns nachgeschickten Konskribierten ersetzt, so dass daher unsere Division nun aus Zweidritteln dieser Rekruten bestand.

Einst bei einer nächtlichen Patrouille fand ich einen solche Rekruten auf seine Muskete gelehnt schlafend. Ich durfte wegen der in der Nähe stehenden feindliche Vorposten kein Geräusch veranlassen, um nicht die Aufmerksam-

---

[15] laut Etat: Karl Ludwig Emil von Webern. Sohn des Generals Johann Heinrich Karl von Webern. Er trat aus hessischen Diensten in die westfälische Armee, wurde 1808 als Unterleutnant im 3. Linien-Regiment geführt und stand im Jahre 1810 als Capitain im 5. Infanterie-Regiment. Nach dem Zusammenbruch des Königreichs ging er in preußische Dienste. Er hinterließ der Nachwelt seine Memoiren.

keit des Feindes dadurch zu erwecken, denn die feindlichen Posten standen im Rücken unseres Lagers an dem Abhange eines Berges, dem unsrigen gegenüber und nur ein kleiner rauschender Fluss bildete die Scheidewand. Auch hatten die Insurgenten abgerichtete Hunde, welche unsere Vorposten aufspürten, weshalb unsere Patrouillen und Ronden beständig, besonders des Nachts, in Tätigkeit sein mussten.

Sanft nahm ich deshalb dem schlafenden Soldaten das Gewehr ab und fasste ihn beim Ohr; in dem Wahne, er sei von Insurgenten überfallen, stieß er einen furchtbaren Schrei aus. Als er aber seiner Irrtums inne ward und seinen unverzeihlichen Fehler einsah, fing er an am ganzen Leibe zu zittern und besonders, da ich Miene machte, ihn als Arrestanten mit zu nehmen, tat er so über, dass ich seinen Bitten nicht widerstehen konnte und auf Fürbitte einiger meiner anwesenden Kameraden gab ich ihm das Gewehr zurück.

Einige Tage später wurde dieser junge Soldat in seiner Hütte von einer geplatzten Bombe so verwundet, dass er nach einigen Tagen starb. Ich freute mich nun um so mehr, dass ich ihn vor einer schimpflichen Strafe gerettet hatte.

Den 08. Januar 1809 des Nachmittags wurde uns durch einen Armee-Befehl bekannt gemacht, dass den folgenden Tag früh Gerona mit einem allgemeinen Sturm genommen werden sollte; den Truppen wurde zugleich eine zweistündige Plünderung versprochen. Alle standen wie Butter an der Sonne bei dieser Hiobspost. Die Soldaten machten unter sich schon Testamente und es wurde über diese Unternehmung fast die ganze Nacht geplaudert, bis wir endlich den folgenden Morgen in aller Frühe die unerwartete und darum um so erstaunlichere Nachricht erhielten, dass Gerona in der Nacht kapituliert habe; eine Nachricht, die natürlich unserer Angst ein Ende machte.

Den 11. Januar rückten unsere Truppen in die Stadt und Festung ein. Unserer westfälischen Division unter dem Obrist Zink wurden alle Posten übergeben. - Wie schrecklich sah es in der Stadt bei unserem Einmarsch aus! In den Straßen war das Steinpflaster meistenteils aufgerissen, statt dessen waren sie mit Bomben und Granaten wie übersät. Sehr viele Gebäude waren teils gänzlich eingeschossen, teils stark beschädigt. Die Kasernen, welche wir in Besitz nahmen, waren so voll von Ungeziefer, dass wir die Zimmer durch Schießpulver reinigen mussten.

Die Einwohner, welche durch die Belagerung viel gelitten hatten, betrugen sich im Allgemeinen eben nicht freundlich gegen uns; sogar das schöne Geschlecht, welches von uns artig behandelt wurde, warf uns keinen freundlichen Blick zu. Wir hatten nun, nachdem wir durch das fortwährende Biwakieren, durch die Hitze des Tages und durch die empfindliche Kälte der Nacht auf den Bergen sehr gelitten hatten, das Vergnügen in den Kasernen in eine bessere Lage versetzt zu werden; unser Dienst war aber wegen der vielen Posten, die besetzt werden mussten, desto schwerer; dabei mussten wir fortwährend auf unsere Sicherheit sehr bedacht sein, indem den Pfaffen von Gerona eben nicht zu trauen war, die auch eine Verschwörung angezettelt hatten, welche aber glücklicherweise vereitelt wurde. Es wurden ihrer viele ergriffen, in eine Kirche gesperrt und mit zwei gegen die Kirchentür gerichteten geladenen Haubitzen strenge bewacht.

Öfter wurden hier auch gefangen genommene Insurgenten hingerichtet, was diese aber eben nicht abschreckte. Wie gleichgültig diesen Menschen der Tod war, mag folgende Anekdote beweisen. Als man einen Insurgenten eben zum Tode führen wollte und der Korporal Gieske, welcher die Torwache unter mir hatte, ihn fragte: „Wo hinaus?", dieser ganz kaltblütig antwortete: „Man will mich hängen."

Von Geronas Merkwürdigkeiten erwähne ich nur die große Kathedralkirche, in welcher der Schutzpatron von Katalonien, der heilige Narciss, von zwei Priestern in schwarzem Ornat, mit einem von beiden Seiten zusammengeklappten Hute bedeckt, bewacht wurde. Der Heilige lag in einem besonderen, mit rotem Samt tapezierten Zimmer, ungefähr 8 bis 10 Fuß im Viereck groß, dessen Wände mit allerhand silbernen und goldenen, mit Brillanten besetzten Sachen (Reliquien), als Sternchen, Kreuzen, Herzen und dgl., behangen waren. Er lag auf einem Ruhebette, ein gänzlich vermoderter, schwarzer Menschenkörper in Lebensgröße, in ein sehr reiches, mit allerhand Sachen verziertes Gewand gehüllt, die Finger reichlich mit Brillantringen besetzt. In das Zimmer selbst wurde niemand eingelassen.

Einige Tage später erfuhr man, dass der Marschall Augereau diesen Heiligen ausgezogen und ihn samt seiner Dekoration dann nach Paris geschafft habe.

Da nur wenig Lebensmittel von den spanischen Landleuten in die Stadt gebracht wurde, so war alles sehr teuer. Dafür suchten die Soldaten auch auf mancherlei Art sich Geld zu verschaffen. So hatte ich einmal Wache mit einem Korporal und 9 Mann am Port Secur. Der Korporal kam in die Wachtstube und sagte, dass der Bischof von Gerona die Straße herunter käme, ich möchte doch heraus rufen lassen, der Alte würde uns dieser Ehrenbezeugung wegen gewiss beschenken.

Die Schildwache, hiervon benachrichtigt, rief uns nun wirklich unters Gewehr. Ein großer hagerer Mann, in weißem Ornat, mit zusammengeklappten

Hut, einen langen Rohrstock mit einem goldenen Knopf in der Hand und einen Bedienten hinter sich, kam der Wache näher, wo ich ihm die Honneurs[16] eines Stabsoffiziers machen ließ. Er entblößte sein weißes Haupt, dankte und fragte mich, was wir für Landsleute wären, welche ich ihm so viel wie möglich zu verstehen gab, „Arme Menschen, ich bedaure Euch", sagte er zu uns, und ließ sich von seinem Bedienten drei spanische Duro, ungefähr 16½ Francs geben, welche er der Wache schenkte, wofür wir uns denn auch was zu Gute taten.

Einige Tage später aber erhielt ich von unserem Obersten einen derben Verweis darüber.

Im April verfiel ich in eine Krankheit, das kalte Fieber, die mich so abschwächte, dass mich meine Füße kaum noch tragen konnten, dabei musste ich doch die Administration der Kompanie versehen. Unser Lager war auf einem harten Gipsboden, unsere abgetragenen Chenillen waren unsere Decken. Volle sechs Wochen wurde ich von dieser Krankheit so sehr geplagt, dass ich ganz elend wurde und einem Skelette ähnlich sah. Unser Regiment wurde um diese Zeit nach Banjola, einem Flecken mit einem Kloster auf einer Anhöhe verlegt. Der Ort wurde zwar von unseren Truppen befestigt und war mit Waldung und Bergen umgeben. Dennoch wurden unsere Truppen Tag und Nacht von den Insurgenten beunruhigt, welche uns vielen Schaden zufügten.

So erhielt ich in Gerona, wo ich wegen der Krankheit zurückgeblieben, eines Tages durch den Fourrier Hedderich, der ganz verstört und ohne Tornister nach Gerona gelaufen kam, die traurige Nachricht, dass ein Detachement, wozu er gehörte, von den Insurgenten im Walde überfallen und er allein davon gekommen sei. Unter den unglücklichen Überfallenen war auch, zu meiner großen Betrübnis, mein Freund der Sergeant Altenberg und der Sous-Lieutenant von Tallard[17].

Durch die fortwährenden Verluste einer so großen Anzahl an Mannschaften täglich geschwächt, wurden unsere Truppen durch ein französisches Bataillon in Banjola abgelöst und nach Rosas, einer Festung nahe dem Mittelländischen Meere, versetzt, wo ich 14 Tage später, da ich ziemlich wieder besser war, ebenfalls eintraf.

Die ganze westfälische Armee, welche beim Einmarsch in Katalonien zehn Bataillone, ohne die nachgeschickten Rekruten, stark war, war so sehr geschwächt, dass sie hier in drei Bataillone zusammengeschmolzen werden

---

[16] Honneurs - (veraltet) Ehrenbezeugung

[17] Nach dem Etat: von Taillard. Er hatte zuerst den Rang eines Sergeanten und wurde am 09.Januar 1810 zum Sous-Lieutenant im 3.Linien-Regiment ernannt.

konnte. Der noch jetzt in hannöversche Diensten stehende Capitain Probst, damals Fourrier, administrierte eine Kompanie, die kaum 30 Mann zählte. Die übervollzähligen Offiziere und Unteroffiziere marschierten nach Westfalen zurück. Uns Zurückgebliebenen war der Aufenthalt in diesem Orte teils unangenehm, sowohl wegen des uns sehr plagenden Ungeziefers, von dem wir uns kaum zu reinigen wussten, als auch wegen der Seeluft, die sehr viele krank werden ließ, teils aber auch angenehm, wegen der Nähe des Meers, auf welchem wir öfters große Kriegsschiffe zu sehen bekamen und an dessen Ufer wir mit Vergnügen bei eingetretener Ebbe Seemuscheln einsammeln konnten. Eines Tages waren wir auch Zuschauer eines Haifischfanges der Spanier.

Vor Rosas bis Figueras, welches zwei Meilen von einander entfernt ist, führt der Weg durch ein kleines Olivenwäldchen, links nach den Pyrenäen hin erblickt man durch die Bäume einige Häuser, welche bewohnt schienen.

Zweimal in der Woche ging ein Konvoi von hier nach Figueras um Lebensmittel für die Besatzung zu holen und bei sicheren Zeiten war dasselbe nur von einem Offizier und 30 Mann eskortiert.

Bei einem jener Transporte, wo der Lieutenant Oettinger das Kommando führte und ich den Vortrab machte, wurden wir eines Tages in dem Wäldchen mit einige Flintenschüssen begrüßt. Wir machten Halt und unsere Seitenpatrouille meldete uns, dass sie einige Briganten nach den Häusern hätte laufen sehen. Ich wurde auf der Stelle mit dem Korporal und einiger Mannschaft dahin abgeschickt und sahen uns, als wir im Laufschritte auf kaum noch Schussweite angelangt waren, mit mehreren Schüssen empfangen. Obschon der Korporal zu Anfange dabei verwundet wurde, gelang es uns doch, mit Hilfe einer Verstärkung, welche der Lieutenant uns zuführte, in die verrammelten Häuser einzudringen.

Einige Insurgenten entwischten uns und nur zwei nebst einer jungen Frau, wurden die Hände auf den Rücken gebunden, mitgenommen. Der Korporal hatte einen Insurgenten und eine andere Frau, welche ihm mit einer Hacke und Beil im Hause entgegengekommen waren, in der ersten Wut seiner üblen Wunde mit dem Bajonett niedergestoßen. Ein ähnliches Schicksal hatte ein erwachsener Junge von 16 bis 17 Jahren. Die beiden Häuser wurden in Brand gesteckt, um den Briganten diesen Schlupfwinkel zu entziehen und zwei Tage nach unserer Ankunft in Figueras wurden die beiden gefangenen Insurgenten erschossen, die Frau habe ich später im Hause des Platz-Kommandanten auf der Zitadelle in Figueras, eines Neapolitaners von Geburt, gesehen.

Als später nach meinem Abmarsch dieser neapolitanische Kommandant die Zitadelle verräterischer Weise den Spaniern bei nächtlicher Zeit überlieferte, fand sich, dass jene Frau mit ihm einverstanden gewesen sei.

Nach Verlauf eines halben Jahres wurden die drei Bataillone in eins zusammengeschmolzen. Es waren nun wieder überkomplette Offiziere und Unteroffiziere vorhanden, wovon die ältesten nach Westfalen zurückmarschieren sollten.

Zwei Jahr hatte ich nun schon in diesem Lande manches Ungemach erduldet, manche Gefahr bestanden, mehrere Krankheiten abgehalten und ich sehnte mich nach einer Entfernung aus dem nun verwünschten Lande. Obgleich nun aber der Capitain Bellmer einen anderen, den Sergeant-Major Breil, anstatt meiner vorzuschieben sich bemühte, so gelang ihm dies dennoch nicht und ich erhielt von dem Oberstlieutenant von Winkel das Versprechen, dass ich mit zurückmarschieren sollte.

Während meines Aufenthalts zu Rosas hatte ich auch einige Male Gelegenheit, mehrere scherzhafte Vorfälle zu beobachten, welche sich hier zutrugen.

Der Kommandant von Rosas, ein Elsässer von Geburt, welcher sehr am Asthma litt und beinahe sieben Fuß groß war, hatte früher als Rittmeister bei einem Kürassier-Regimente gestanden. Er war, wie mehrere seiner Landsleute grob. Seiner Tochter, einem jungen Frauenzimmer, wurde, wie sich leicht denken lässt, von unseren westfälischen Offizieren fleißig die Cour[18] gemacht. Sie blieb aber bei diesem Liebesattacken ziemlich kalt und empfand, wie es schien, für nichts weiter Vergnügen, als mit einem zahmen Affen, einem kleinen Waldteufel, sich öfter des Tages auf dem Balkon die Zeit zu vertreiben und ihre Augen glänzten vor Freude, wenn dieses possierliche Tierchen recht tolle und lustige Sprünge machte.

Unsere Offiziere konnten sich mit dem alten launigen Kommandanten nicht gut vertragen und ließen es ihm sehr oft auf eine unzweifelhafte Weise fühlen; daher war er einst bei einer Gelegenheit auf einige unserer Offiziere so aufgebracht, dass er dieselben in Arrest schickte. Auch mein Capitain wurde mit bestraft, da der Alte demselben so nicht gut war, indem dieser ein Herr von S...r und einige Offiziere sich öfter mit dem auf dem Balkone angebundenen schwarzen Sohne Borneos zu schaffen machten, um bei dieser Gelegenheit die schöne Eigentümerin des Tiers zu sehen.

Auch hatte der Kommandant einige Offiziere beschuldigt dem kleinen Affen eine Purganz[19] beigebracht zu haben, infolgedessen das Tier einige Wo-

18 die Cour machen - (veraltet) den Hof machen
19 Purganz - (medizinisch) Abführmittel

chen kränkelte und die Tochter des Kommandanten sich nicht wieder in Gegenwart unserer Offiziere sehen ließ. Denn lieber hätte vielleicht dieses Mädchen die ganze Besatzung von Rosas über die Klinge springen sehen, als dass sie ihren kleinen Possenreißer verloren hätte.

Späterhin wurde dieser Kommandant seiner Kränklichkeit halber durch einen französischen Brigadegeneral ersetzt und eine kurze Zeit darauf begab er sich nach dem festen Kloster zu Castiglione, einige Stunden von Rosas, wo er einst des Nachts von den Insurgenten aufgehoben und als Gefangener abgeführt wurde.

Noch einiges über jenen Kommandanten. Unsere Truppen litten an mehreren Unannehmlichkeiten, hauptsächlich nahm das Ungeziefer in den Kasematten auf eine fast unglaubliche Weise überhand, weshalb die meisten Soldaten bei Nacht sich am Ufer der See lagerten, um sich lieber der Gefahr der Erkältung, als jener Quälgeister auszusetzen.

Täglich konnte man bei fünfzig Soldaten in der alten zerschossenen Zitadelle gruppenweise finden und sich damit beschäftigten, ihre Körper und ihre Kleidungsstücke vom Ungeziefer zu reinigen. Der Kommandant, welcher alle Winkel der Festung öfter durchsuchte, kam einst auch zu jenen Soldaten und warf uns Deutschen auf eine grobe Weise unsere Unreinlichkeit vor.

Ich versteckte mich hinter einer alten Ruine, aber er wurde mich dennoch gewahr, als ich mein widerliches Geschäft schon beendet hatte. Er kam auf mich zu und fragte spöttisch, ob ich auch Revue hätte passieren lassen? Ich beklagte mich über den Zustand der Kasematten und fragte scherzend, dass sich vermutlich das Ungeziefer aus Ägypten aus des Königs Pharao Zeiten hierher geflüchtet habe.

Er lachte und fragte, wessen Landes ich sei?

„Ein Hannoveraner!", gab ich zur Antwort.

„Ei, also ein halber Engländer", erwiderte er.

„Bitte um Verzeihung, ein geborener Hannoveraner, bei Göttingen zu Hause", war meine Antwort.

Als er freundlicher wurde und erzählte, dass er einige Jahre im Hannöverschen in Quartier gestanden, erwiderte ich scherzhaft, dass er sich vermutlich einige Scheffel Hannoverscher feiner Kassengulden mit nach Hause gebracht habe, worüber er so gewaltig lachte, dass ich fast glauben musste, es habe mit dem Gelde seine Richtigkeit.

Als ich einige Tage darauf die Ordonnanz bei ihm hatte, nannte er mich scherzweise einen Hannöverschen Coujon und ließ mir durch seine Tochter ein gutes Frühstück und einige Gläser Wein reichen, das ich aus den Händen dieses schönen Mädchens gern annahm.

Er fragte mich bei dieser Gelegenheit, ob ich schon in unserem Vaterlande den Kaiser Napoleon gesehen hätte? Gesehen noch nicht, rief ich in lachendem Tone, aber gefühlt desto öfter und gab dabei mit dem Zeigefinger und Daumen zu verstehen, dass wir ihm schon viele Kontributionen[20] hätten zahlen müssen.

Als ich des anderen Mittags durch einen meiner Kameraden abgelöst wurde, rief mich das Mädchen in der Abwesenheit ihres Vaters in ihr Zimmer, schenkte mir ein feines Hemd und ein weißes Tuch und entließ mich freundlich.

---

[20] Kontribution - Zwangserhebung von Geldbeträgen im feindlichen Gebiet

4.Kapitel
Zurück nach Westfalen

Den Morgen vor unserem Abmarsche mussten die sämtlichen Truppen ausrücken; der Obristlieutenant von Winkel, welcher in Rosas unser Bataillonschef war, hielt eine rührende Anrede, sowohl an die zurückbleibenden, als an die abmarschierenden Truppen, worin er Ersteren versprach, dass auch sie bald nach ihrer Heimat marschieren sollten. Das Herz schlug mir vor Freuden, dass ich endlich das geliebte Vaterland bald Wiedersehen sollte.

Unter dem Kommando des Oberst von Bosse[21] vom 2.westfälischen Linien-Regiment, traten wir, an 80 bis 90 Offiziere und Unteroffiziere und einige Soldaten, den Marsch über Figueras und Perpignan an. Wir schätzten uns alle glücklich, ein Land verlassen zu haben, wo wir täglich in Gefahr waren, in der bösen Spanier Hände zu fallen, von denen mancher brave Soldat schändlicher Weise umgebracht wurde.

In Perpignan wurden unsere zerlumpten Kleidungsstücke durch bessere ersetzt. Daselbst hatte ich die Freude, nochmals den Herrn Weil zu sehen, so wie zu Nismes den Herrn Salvedoir, von denen ich auf ewig Abschied nahm.

Nach einem sehr angenehmen Marsch durch die Provence u.s.w. gelangten wir nach Mainz. Von hier aus eskortierten wir einen Geldtransport von 14 Wagen, welcher nach Magdeburg bestimmt war.

Über Gießen und Marburg erreichten wir endlich Kassel. Es war Sonnabend vor Ostern, wo wir von der aus der Stadt herbeiströmenden Menge freundlich bewillkommnet wurden. Traurig war es aber, zu sehen und zu hören, wie manche Eltern nach ihren Kindern, Schwestern nach ihren Brüdern fragten und hören mussten, dass die meisten nicht mehr am Leben waren.

Wir wurden bei den Bürgern einquartiert, ich hatte aber nicht nötig meinem Wirte lästig zu sein, denn ich hatte viele gute Freunde, welche sich beeiferten, mich in Quartier zu haben.

---

[21] Georg Philipp von Bosse. Er trat aus preußischen Diensten in die königlich westfälische Armee über. 1808 war er Bataillonskommandeur im 1.Linien-Regiment, 1809 Major im 6.Infanterie-Regiment, dann Oberst und Kommandeur im 2.Infanterie-Regiment. Unter dem Datum des 24. Mai 1811 wurde er Untergouverneur des Palastes und erhielt 1812 seine Pensionierung. Nach dem Zusammenbruch des Königreichs Westfalen kehrte er wieder in preußische Dienste zurück, wo er 1823 dann endgültig pensioniert wurde.

Wir lagen nun in Kassel in Garnison und ich erhielt auch eine kurze Zeit Urlaub, die Meinigen zu besuchen; groß war die Freude meines alten Vaters, seinen für verloren gehaltenen Joseph wieder zu sehen.

Die darauf folgende Zeit brachten wir in Kassel mit Manövrieren und Exerzieren zu. Als einst bei Hohenkirchen, zwei Stunden von Kassel, ein Lager bezogen wurde, erhielt jedes Korps den Befehl, bei jedem Infanterie-Regiment eine Artilleriekompanie zu organisieren, welche zwei leichte Stück Geschütz, nebst dazu gehörigem Pulver und sonstige dazu gehörige Wagen erhalten sollten. Es wurde die Mannschaft dazu aus den beiden Grenadierkompanien genommen.

Der brave Obristlieutenant von Leppel[22] verschaffte mir die Stelle als Wachtmeister bei einer solchen Artilleriekompanie, indem die Sergeant-Major-Stellen, worauf ich Rechnung machte, schon alle früher besetzt waren.

Unser Kompaniechef war der Lieutenant Döleke[23], welcher mit in Spanien gewesen und früher mein Sergeant-Major war; der Sous-Lieutenant hieß Mäkel[24], beides sehr gute Offiziere; unser Sergeant-Major hieß Werner.

Nach einigen Tagen mussten sämtliche Artilleriekompanien aus dem Lager nach Kassel aufbrechen, wo sich eine neue Laufbahn uns eröffnete. Täglich wurden wir in Reiten, Fahren und mit den Kanonen zu exerzieren ge-

---

[22] Eigentlich: Karl Friedrich Wilhelm von Lepel. Geboren am 12.Dezember 1781 als Sohn des Generals Christian von Lepel. Er wurde am 25.November 1795 hessischer Kadett und erhielt nach Abschluss seiner Ausbildung am 26.März 1801 seine Ernennung zum Seconde-Lieutenant. Vom Februar bis Dezember 1807 war er in französischer Kriegsgefangenschaft, aus der er dann am 11.Dezember des Jahres als Unter-Lieutenant und Aide de Camp des Gouvernements Kassel in die Dienste des Königreichs Westfalen trat. Unter dem 24.Juni 1808 wurde er zum Capitain im 3.Linien-Regiment ernannt und am 26.Januar 1809 zum Bataillon der Grenadier-Garde versetzt. Die Beförderung zum Bataillonschef im 3.Infanterie-Regiment erhielt er am 19. November 1811, die zum Kommandeur des 3.leichten Bataillons am 31.Januar 1813. Am 01.August 1813 wurde er à la suite im 4.leichten Bataillon gestellt und wurde am 26.August 1813 Ordonnanzoffizier des Königs Jerome. Seine Ernennung zum Oberst im Generalstab und Ehrenstallmeister des Königs erhielt er am 19.Oktober 1813. Nach dem Zusammenbruch des Königreichs Westfalen trat er wieder in hessische Dienste.

[23] laut Etat: Dölke. Er stand in den Jahren 1810 bis 1812 als Lieutenant im 3.Linien-Regiment, wo er am 20.Februar 1813 zum Capitain befördert wurde.

[24] nach dem Etat: Theodor Mäckel. Als ehemaliger Kriegsschüler trat er am 21.September 1810 als Unter-Lieutenant in 3.Linien-Regiment, wo er am 11.November 1811 zum Lieutenant und am 10.März 1813 zum Capitain ernannt wurde.

quält. Da wir noch keine Remontepferde hatten, so musste die in Kassel stationierte Artillerie ihre Pferde einstweilen dazu hergeben.

Ob ich zwar einige Mal, bei rascher Bewegung, im Reiten abgesetzt wurde, so wurde ich doch dadurch dreister und lernte schnell reiten und exerzieren. Den beiden sehr achtbaren Offizieren, dem Capitain Lorenz[25] und Capitain Baumann[26], so wie dem Lieutenant Köhler[27], von der Regimentsartillerie, welche meine Instrukteure waren, hatte ich Vieles zu verdanken.

Als wir unsere Remontepferde, bekamen wir erst unsere Last, diese zu dressieren, nie hatte ich einen schwereren Dienst gehabt, an Erholung war nicht zu denken.

Um diese Zeit lernte ich meine jetzige Frau kennen, welche der Kaserne gegenüber wohnte. Elise war damals etwa 18 Jahre alt, von angenehmen Gesicht, schön gewachsen und immer nett und geschmackvoll gekleidet. Ich sah sie täglich und war bald so sehr in sie verliebt, dass ich keinen größeren Wunsch kannte als ihren Besitz. So oft ich sie auch sah und sie freundlich grüßte, so fehlte es mir doch an jeder Gelegenheit, sie längere Zeit allein zu sprechen, denn sie lebte bei ihrer Herrschaft, von der sie sehr geliebt wurde, höchst eingezogen. Endlich wagte ich es, ihr einen Brief zukommen zu lassen, der alle meine Sehnsucht, alle meine Hoffnungen und Wünsche aussprach.

Ihre Antwort machte mich zum glücklichsten der Menschen. So entspann sich uns ein heimlicher Briefwechsel und ein zartes, inniges Verhältnis, da sich Gelegenheit mit ihr allein zu sein selten fand. Als wir uns nun zu bald trennen mussten, erhielt ich von ihr die Versicherung, dass, wie groß die Kluft auch sei, die uns trennte, sie wolle sie überspringen, nie einen Anderen als mich lieben. Treu hat sie ihr Wort gehalten.

---

[25] Lorenz,. Zunächst tat er als Bereiter seinen Dienst und wurde am 16.Februar 1811 zum Lieutenant ernannt. Er starb 1812 als Capitain I.Klasse des Artillerie-Trains in Mohaisk.

[26] Friedrich Baumann. Er trat aus hessischen Diensten in die königlich westfälische Armee über. Nachdem er zunächst Wachtmeister im Regiment der Chevauleger-Garde gewesen war, wurde er am 01.März 1810 zum Unter-Lieutenant in der Train-Kompanie und am 16.Februar 1811 zum Lieutenant befördert. Er fiel als Capitain am 08.Februar 1812 in Russland.

[27] Köhler. Die Beförderung zum Premier-Lieutenant im Artillerie-Train erhielt er am 24.November 1812, er verbrannte am 08.Dezember des gleichen Jahres in Russland.

5.Kapitel
Nach Russland

Unser 3.Infanterie-Regiment war nun in dieser Zeit von Kassel nach Braunschweig marschiert, wohin unsere Artillerie einige Wochen später nachfolgte. Der Marsch ging über Göttingen, wo ich meine Brüder und guten Freunde sah und traurig Abschied von ihnen nahm; wir mochten wohl schon etwas von den rauen russischen Nordwind wittern.

In Braunschweig verweilten wir drei Wochen. Wir setzten darauf unseren Marsch über Halberstadt fort und kamen bei Köthen eine Zeit lang in Kantonnements zu stehen. Es wurde uns bald zur Gewissheit, dass wir nach Russland ziehen würden.

Von Werbzig, wo unsere Kompanie kantonierte, passierten wir die Saale bei Halle und wurden bei Dessau über die Elbe gesetzt. Nachdem wir durch eine kleine Strecke das preußische Gebiet passierten, gelangten wir nach Glogau, wo wir zum ersten Mal unseren Armee-Unterbefehlshaber, den dicken, großen General Vandamme, sahen.

Unsere Marschroute ging über Frauenstadt, Lisa, Kalisch nach Warschau. In dem schmutzigen Polen bekamen wir einen Vorgeschmack von den Leiden und Schicksalen, die uns bevorstanden. Ein großes Glück war es für die ganze Armee, dass wir die vielen Juden hier antrafen, welche unsere Dolmetscher, Kommissionäre und Provisionisten waren.

Vier Stunden von Warschau stand unsere Infanterie außer den Garden bei Widawa im Lager. In dieses Biwak kam einst der General Vandamme des Nachts zur ungewöhnlichen Zeit um zu visitieren und fand einige Obristen nicht bei ihren Regimentern, sondern in den nahe dem Lager stehenden Häusern einquartiert, welches dann denselben übel zu stehen kam.

Endlich, da wir eine Zeit lang allhier biwakiert hatten, marschierten wir ins Biwak jenseits Tikotschin, wo uns durch einen Armee-Befehl die Kriegserklärung vorgelesen wurde, wobei der General Vandamme es an einer kräftigen Anrede an unser Armee-Korps nicht fehlen ließ. Der Vorhang dieses Trauerspiels wurde nun aufgezogen.

Von Tikotschin rückten wir nach Gorau an der Weichsel, wo wir ebenfalls eine kurze Zeit kantonierten. Jenseits der Stadt wurde eine Schiffbrücke über den Weichselfluß, mit einem starken Brückenkopf versehen, geschlagen.

In der Nähe Goraus hatten wir ein großes Manöver für den General Vandamme, wobei der König von Westfalen nicht gegenwärtig war; es hieß, der König hätte sich mit Vandamme entzweit.

Eines Tages, wo ich zum Furagieren über die Brücke nach der Stadt hin wollte, begegnete mir diese ungeheure Maschine, der General Vandamme, auf der Brücke, fasste mich mit seiner Riesenhand an den Arm und befahl mir, sofort an der Weichsel hinunter zu laufen und den Soldaten das Fahren auf den kleinen Schiffen zu verbieten. Er blieb so lange auf der Brücke stehen, bis ich seinen Befehl vollzogen hatte. Späterhin habe ich ihn nicht wieder gesehen und es hieß allgemein, dass Napoleon ihn zurückgeschickt hätte.

Unsere Armee-Korps setzten sich in Marsch und erreichten Bialystok. Hier wurde ein westfälischer Artilleriesoldat, der seinem Wirt ein Hemd entwendet hatte, nach kurz abgehaltenem Kriegsgericht erschossen.

Bei Grodno, wo wir einige Tage später eintrafen, standen unsere Truppen, außer den Garden, drei Tage im Lager; unseren damaligen König habe ich in dieser Stadt, wo das Hauptquartier war, zum letzten Mal gesehen. Wir bekamen späterhin den Marschall Junot zum Generalissimus, wo unsere Armee den Namen des VIII.Korps erhielt. Der Herzog von Abrantes schien menschenfreundlicher zu sein, als der grobe Vandamme.

Die Lebensmittel fingen hier schon an weniger zu werden. Die Armee setzte ihren Marsch nach Oszmianna; in dieser Gegend ließ uns unser neue Marschall die Revue passieren. Die Divisions-Generale waren: der General von Ochs[28] und ein französischer General Tareau. Unser VIII.Armee-Korps bildete den rechten Flügel der Großen Armee.

Wir gelangten nach einigen Märschen nach Smorgony bis Orza, hier blieben wir wieder eine Zeit lang im Lager. Die täglichen anstrengenden Märsche, durch welche die Truppen und die Pferde, bei großer Hitze und in tie-

---

[28] Adam Ludwig von Ochs. Geboren am 24.Mai 1759 in Rosenthal zu Hessen, stand er 1777 in hessischen Diensten und kämpfte in Amerika. 1807 trat er in westfälische Dienste, wo er am 31.Januar 1808 zum Oberst im Kriegsministerium ernannt wurde. Am 17.Februar 1809 wurde er zum Kommandeur des Departements Harz ernannt und wurde am 09.März 1809 zum Oberst im Generalstabe der westfälischen Division in Spanien befördert. Unter dem 15.Juni 1809 wurde er zum Brigadegeneral und Kommandeur der westfälischen Division und führte die Kader 1810 wieder nach Spanien zurück. Von Juli bis September 1810 war er Kommandeur der westfälischen Brigade an der Nordsee und erhielt am 14.November 1810 seine Ernennung zum Divisionsgeneral. Unter dem 01.November 1811 erhielt er seine Beförderung zum Generalkapitän der westfälischen Garden. Im Feldzug gegen Russland erhielt er zuerst das Kommando über die 23., später über die 24.Division. Aus Russland zurückgekehrt wurde er am 27.März 1813 zum Kommandanten der 3.Militär-Division ernannt, wurde am 30.Mai 1813 in Halberstadt gefangen, kehrte Anfang 1814 aber aus Dorpat nach Kassel zurück. Nach dem Zusammenbruch des Königreichs Westfalen trat er als Oberst wieder in hessische Dienste. Er starb am 21.Okober 1823 in Kassel, sein Schwiegersohn veröffentlichte später seine Memoiren.

fem Sand, sehr entkräftet wurden, brachten uns schon viele Kranke und wir mussten viele Pferde liegen lassen.

Ein sehr starkes Gewitter, in welchem unsere Kolonne unaufhaltsam fort marschierte, kühlte zwar die Luft einige Tage ab; es wurden aber dadurch mehrere Pferde unbrauchbar.

Anfang August brachen wir aus dem Lager bei Orza auf und marschierten nach Dombrowna, worauf wir nach sehr anstrengenden Märschen und den letzten Tag von einem Boten irre geführt, den 17.August spät des Abends Smolensk erreichten.

Unsere Armee lagerte sich rechts von der Stadt, aus der hie und da dunkle Rauchwolken emporstiegen, denen bald helle und hellere Flammen nachfolgten. Nach einer Stunde schien die ganze Stadt nur ein großes Feuermeer zu sein, aus der nur hier und da die Flamme turmhoch emporschlug, als wolle sie den Himmel erreichen.

Es war ein fürchterlich schönes Schauspiel, das Jeden mit innerem Grauen erfüllte und doch konnte man kein Auge davon wegwenden. Es war in der Nacht so hell im Lager, dass man jeden kleinsten Gegenstand wahrnehmen konnte. Das Knacken des kleinen Gewehrfeuers hörte die ganze Nacht nicht auf.

Den 19., als die Franzosen Smolensk genommen, kam es einige Stunden davon, jenseits, zur Schlacht, wo es unser Armee-Korps ganz allein mit einem russischen Armee-Korps unter dem Fürsten Bagration abgesondert zu tun bekam.

Beide Armeen waren durch ein morastiges Tal, welches meist mit Ellernbüschen bewachsen war, getrennt; unsere ganze Artillerie war in Bewegung und brachte die russische bald zum Schweigen. Die feindlichen Jäger kamen in Sturmschritt den Berg heran, wurden aber wieder zurückgeschlagen; gegen Abend zogen sich die Feinde zurück, es blieben beiderseits viele Menschen, besonders hatten unsere Jäger-Carabiniers sehr gelitten und den Verlust ihres braven Obrist-Lieutenants von Hesberg[29] zu bedauern.

---

[29] eigentl.: Wilhelm Ernst Ludwig v.Heßberg. Geboren am 24.Oktober 1773 in Laar, erhielt er ab 1784 seine Ausbildung im hessischen Pagenkorps und wurde 1804 zum Leutnant ernannt. Nach der Errichtung des Königreichs Westfalen erhielt er 1808 die Beförderung zum Premier-Lieutenant im Garde-Bataillon der Jäger-Carabiniers, am 15.Juni 1810 die zum Kapitän. Im Mai 1812 übernahm er schließlich als Chef das Kommando über die Einheit. In der Schlacht bei Walutino-Gora wurde er, wie der Autor berichtet, am 19.August so schwer verwundet, dass er am folgenden Tage verstarb. Der zeitgenössische Autor Bernhardi dagegen beschreibt, dass er vielleicht seiner Strenge wegen auch von den eigenen Soldaten erschossen worden sein könnte.

Noch denselben Abend passierten wir den Dnjepr auf einer hölzernen Brücke. Den anderen Tag blieben wir im Lager stehen, die große französische Armee lagerte zwei Stunden von den Unsrigen. In Begleitung unseres Obersten Bernard[30] sollte ich nun das französische Lager zu sehen bekommen.

Auf dem Wege dahin sahen wir an einer Stelle noch viele tote Russen und Schwerverwundete liegen, welche ein herzzerreißendes Jammergeschrei von sich hören ließen. Ein staunenswerter Anblick war für mich in dem großen Lager die ungeheure Truppenmasse.

Ich wurde von den französischen Kanonieren gut bewirtet. Mein Oberst, der seinen Bruder im Lager gesehen hatte, verließ es nach einem zweistündigen Aufenthalte und trat mit mir sehr vergnügt die Rückreise an, auf welcher er beständig sang, was er auch von mir verlangte; ich dachte aber bei mir, wenn ich erst Polen wieder im Rücken habe und Deutschland erreicht haben werde, dann will ich singen, dass es der große Christoph auf Wilhelms-Höhe hören soll. Im Galopp erreichten wir kurz vor Abend unser Biwak wieder.

Da wir nun mit der großen Armee marschierten, wurden die Lebensmittel noch seltener. Doch gelang es uns zuweilen, außer der Straße, auf adligen Höfen solche uns zu verschaffen, wo es denn freilich öfter mit anderen Furagieren zu blutigen Auftritten kam.

Nach der Schlacht bei Smolensk wurde ich abgeschickt, um Lebensmittel und Furage neben der Militärstraße aufzusuchen. Einige Stunden tiefer ins Land traf ich auf einen kleinen Edelhofe eine Frau und einen erwachsenen Knaben, die sich bei meiner Ankunft furchtsam zurückziehen wollten; ich gab ihnen aber zu verstehen, dass ihnen nichts zu Leide geschehen solle, wenn sie uns Furage verschaffen wollten. Nachdem wir das Verlangte erhalten hatten, bemerkte ich, dass die Frau noch immer Angst und Furcht verriet und sich nach einem in der Nähe befindlichen Backofen, dessen Öffnung durch Strohhaufen verdeckt war, oft umsah.

Während unsere Artilleristen mit dem Binden und Aufladen der Furage beschäftigt waren, ging ich zurück, um zu sehen, ob in dem Backofen etwas versteckt sei. Bei dem Wegnehmen des Strohes fing die Frau an zu weinen und umfasste bittend meine Füße; ich schöpfte Verdacht und als ich mich mit Gewalt von ihr losgemacht und die Strohhaufen zur Seite geworfen hatte, erblickten ich im Ofen einen jungen Mann in grüner Uniform, an dem ich sogleich einen russischen Kadett erkannte, welcher verwundet zu sein schien.

[30] Bernard. Der gebürtige Franzose diente am 01.November 1809 als Bataillonschef in der Armee des Königreichs Westfalen, am 03.November 1810 dann als Major im Bataillon der Jäger-Garde, ab dem 14.April 1811 dann als Oberst und Kommandeur des 3.Linien-Regiments. Unter dem Datum des 05.März 1813 erhielt er seine Ernennung zum Brigadegeneral. Er ging später als Privatmann nach Amerika.

Auf meine Anrede antwortete er in französischer Sprache. Ich versprach ihn zu schonen und sprach ihm Mute ein und da er sah, dass es mir mit meiner Versicherung Ernst sei, wurde er dreister und erzählte, dass er als Kadett bei einem Infanterie-Regimente stehe und in der Schlacht bei Smolensk verwundet worden sei. Sein feines Benehmen und sein Äußeres verrieten eine gute Abkunft. Ich fühlte Mitleid und gab ihm einige Scharpie und eine Binde, wogegen er einen kleinen goldenen Ring aus einem kleinen ledernen Beutel hervorzog und mich bat, denselben als Beweis seiner Erkenntlichkeit anzunehmen. Als ich mich weigerte, steckte er mir denselben mit Gewalt an den Finger. Er sei ein Sohn eines russischen Edelmannes, sagte er und habe sich mit aller möglichen Anstrengung bis hierher geschleppt, wo er durch einen Bauern diese Frau aus der Nähe seines elterlichen Wohnsitzes habe herbeiholen lassen, um ihn weiter zu führen. Ich gab Beiden den Rat, dass sie bald diesen Ort verlassen möchten, um sich nicht der Gefahr auszusetzen, in Unannehmlichkeiten und wieder in feindliche Hände zu fallen, aus denen sie nicht so leichten Kaufs wieder entkommen würden. Dankbar und gerührt schieden wir voneinander.

Es wurde nun täglich marschiert, welches wir so überdrüssig wurden, dass wir alle sehnlichst eine baldige entscheidende Schlacht wünschten, denn es konnten die Truppen und Pferde die Strapazen nicht länger ertragen.

Wir erreichten die Stadt Wiasma den 30.August, wo unser Armee-Korps jenseits rechts an der Straße einige Tage biwakierte. Unsere noch übrigen Artilleriepferde wurden täglich schlechter, es gelang uns einige Male, Pferde auf adligen Gütern zu erhaschen. Die französische Armee setzte sich in Marsch und wir sahen solche an unserem Lager unablässig zwei Tage lang vorbei marschieren, besonders die ungeheure Anzahl Kavallerie von allen Waffengattungen war wundervoll. Jedes Infanterie-Regiment hatte seine eigene Artillerie, ohne die übrigen Artilleriekorps; wer geglaubt, dass eine solche große Armee so verloren gehen konnte!

Den 05.September erhielt unsere Armee Befehl zum Aufbruch und wir langten den 06. abends sehr spät auf dem Schlachtfelde diesseits Moshaisk an. Schon auf unserem Marsche vom 05. bis 06.September begegnete uns eine Menge Blessierte, welche sich mit dem Feinde geschlagen hatten.

Unsere Pferde, welche sehr angestrengt wurden, musste ich noch des Abends 09.00 Uhr zur Tränke führen. Ein französisches Kürassier-Regiment beschied uns zur Tränke, wo wir ein sehr tiefes morastiges Wasser antrafen, in welchem wir Gefahr liefen stecken zu bleiben.

Große Ereignisse schienen bevorzustehen, indem wir der feindlichen Armee gegenüber standen und beide Teile zu einem großen Kampfe sich schlagfertig gemacht hatten.

6.Kapitel
Die Schlacht bei Borodino

Der 07.September, ein ewig denkwürdiger Tag, welcher Tausende zum Opfer verlangte, erschien klar und heiter. Stille herrschte im Lager, welche nur zuweilen durch das Anrufen der Schildwachen unterbrochen wurde. Es mochte noch eine Stunde vor Tag gewesen sein, wo der Lieutenant Döleke zu mir kam und befahl, einen Pulverwagen, vor dem die Pferde des Tages zuvor marode geworden waren und der noch nicht bei uns angelangt war, einzuholen, mit der Bemerkung, dass ich, sobald ich Kanonieren hörte, auf der Stelle wieder umkehren sollte. Ich hatte noch nicht eine halbe Stunde zurückgelegt, als die Sonne ihren ersten Strahlen zeigte. Es schien ein schöner heiterer Tag zu werden, wurde es aber nicht für uns.

Der Donner der Kanonen erinnerte rasch an meine Schuldigkeit, schnell zu meinem Korps zu eilen; bei meiner Ankunft traf ich unsere Truppen mit dem Ankleiden ihrer schönen Paradeuniform beschäftigt. Es war Napoleons Grundsatz, dass die Truppen bei einer Schlacht in dieser Uniform vor dem Feinde erscheinen mussten; ein Schlachttag galt für einen Ehrentag. Augenblicklich warf ich mich ebenfalls in die schöne Uniform und stattete meinem Batteriekommandanten Rapport ab. Auf der ganzen Linie hatte schon die Kanonade begonnen und es wurde schon in der Frühe unter den Truppen Branntwein verteilt. Meinen eigenen Branntwein, welchen ich mir schon früher destilliert und zurückbehalten hatte, gab ich unseren Offizieren und Unteroffizieren zum Besten, wodurch wir uns unsere Artilleristen in fröhliche Stimmung versetzt wurden.

Unsere Stellung war hinter dem Zentrum der Armee. Die feindlichen Truppen hatten alle Anhöhen mit Redouten besetzt und waren für beständig, von der heftigen Kanonade, wie in Rauch gehüllt. Die feindlichen Kanonenkugeln waren ganz neu und schienen wie poliert zu sein.

Gegen 08.00 Uhr des Morgens erhielt unser Armee-Korps, außer der Kavallerie, Befehl, Direktionsveränderung rechts zu machen, um sich an den rechten Flügel der Großen Armee anzuschließen. Unser Regiment musste deshalb mit der Artillerie ein junges Gehölz passieren, in welches die Kugeln wie gesät fielen und viele Kameraden von unserer Seite dahin rafften. Bei diesem Kontramarsch, wo ich gerade vor dem ersten Pulverwagen ritt, traf eine feindliche Granate den Pulverkasten, welcher mit 120 Kartuschen mit schrecklicher Explosion in die Luft flog. Die Pferde und Artilleristen waren meistenteils verbrannt. Der Fourrier und noch zwei Kanoniere starben im Hospital an ihren Wunden. Durch mein Pferd, welches auf die Seite sprang, wurde ich mit dem Verlust meines Tschakos und mit einer kleinen Kontusion an der linken Hand gerettet.

Unsere Kompanie kam dadurch in Unordnung, und es dauerte fast eine halbe Stunde, ehe sie sich wieder sammeln konnte. Wir mussten nun unter einem beständigen Kanonenfeuer und einem Hagel von kleinen Kugeln unseren Marsch fortsetzen, bis wir uns endlich an eine polnische Batterie, auf dem rechten Flügel der Großen Armee, anschlossen. Über tausend Kanonen waren in beständiger Arbeit. Der Erdboden schien unter uns zu beben und man konnte nicht einmal das kleine Gewehrfeuer vernehmen, so schrecklich war die Kanonade. Auf dieser Stelle, wo der Oberst Roel[31], vom 6. westfälischen Linien-Regiment, mit einer seiner Voltigeurkompanien zu uns stieß, konnten wir die Stellung der feindlichen Armee, welche auf den Anhöhen stand, gut beobachten.

Die Anhöhen waren mit vielen Schanzen besetzt, woraus ein fortwährendes Artilleriefeuer unterhalten wurde. Eine ungeheure Masse Artillerie stand am Abgang der Anhöhe, welche sich wie schwarze Wolken bewegten; hierbei wurde mir aber bald nicht gut zu Mute. Wir waren durch die Unordnung, welche bei unserer Batterie vorfiel, von unserem Regimente getrennt, der Lieutenant Döleke schickte mich sogleich ab, um es aufzusuchen; nur ungern übernahm ich diesen Auftrag, indem ich wieder durch dasselbe Gebüsch musste, wo die kleinen Gewehrkugeln wie Hagel hinein flogen und wo schon viele Tote und Blessierte von uns lagen.

In diesem kleinen Gehölz traf ich unser 6. Infanterie-Regiment in schräger Front stehend, auch erfuhr ich von dem Sous-Adjudant Grünthal, wo unser Regiment stand. Es machte sich gerade zum Angriff fertig. Der Adjudant Major Pauke kam mir entgegen und erteilte mir den Befehl an den Lieutenant Döleke, unsere Stelle ja nicht zu verlassen.

Nach überstandener Angst und Gefahr erreichte ich unsere Batterie wieder. Ein furchtbarer Durst quälte mich an diesem heißen Tage, ich nahm vom Lieutenant mir die Erlaubnis, einige hundert Schritt seitwärts zu reiten, wo ich ein morastiges, stinkendes Wasser antraf und meinen Durst befriedigte. Bei dieser Gelegenheit traf ich einen russischen Kürassier, welchem ein Bein abgeschossen war und der einen steinernen Krug an sich hängen hatte, ich stieg vom Pferde und glaubte, dass er solchen voll Wasser hätte, fand ihn aber meistenteils voll mit Branntwein, weshalb ich ihn zurück gab; wir ließen den

---

[31] laut Etat: Ruelle. Der ehemalige Unteroffizier der französischen Armee wechselte in die Dienste des Königreichs Westfalen, wo er ab 1810 in den Listen des 6. Linien-Regiments als Oberst und Kommandeur geführt wurde. Seine Ernennung zum Colonel soll dabei vom 23. September 1811 sein. Er geriet während des Feldzugs in Russland am 10. Oktober 1812 bei Vereja in Gefangenschaft und kehrte nach seiner Entlassung wieder in die kaiserlich französische Armee zurück.

Russen von unseren Artilleristen an einen Busch auf eine bessere und sichere Stelle tragen, wobei er entsetzlich schrie.

Eine polnische Batterie, welche in der Nähe bei uns hielt, fing an, nach einer Anhöhe, welche mit einem feindlichen Generalstab besetzt zu sein schien, zu feuern, wodurch die Anhöhe gereinigt wurde. Wir konnten die Bewegungen der Russen ganz genau beobachten. Eine Masse feindlicher Infanterie stand unbeweglich da, es dauerte nicht lange, als eine furchtbare Kanonade gegen dieselbe gerichtet wurde, in Folge deren man denn eine Bewegung darunter wahrnehmen konnte. Der polnische Capitain sprach mit unserem Lieutenant und zeigte beständig nach jenem Punkt, als mit einem Male eine große Masse von mehreren Regimentern französischer Kavallerie nach den Anhöhen hintrabte, worauf sich die feindliche Artillerie schnell zurückzog. Die französische Garde hielt rechts, rückwärts keine 500 Schritt von uns, in einem kleinen Wald und hat den ganzen Tag keinen Anteil an der Schlacht genommen.

Gegen 03.00 Uhr nachmittags hörte das Blutbad auf, die Kanonade dauerte nur noch abnehmend fort, wodurch wir unseres Sieges gewiss wurden. Die feindliche Armee trat noch des Nachmittags den Rückzug an. Ich dachte an kein Essen und Trinken, dankte vielmehr meinem Schöpfer, so glücklich davon gekommen zu sein.

Wir blieben des Nachts auf dem Schlachtfelde stehen, den anderen Morgen in der Frühe wurde erst für die Pferde furagiert, wo ich nach dem Schlachtfelde beordert wurde, um Stricke für unsere Batterie zu suchen, woran wir Mangel hatten. Es war ein schauderhafter Anblick, dieses Schlachtfeld, gleichsam übersät von toten und noch lebenden, verwundeten und sterbenden Menschen und Tieren! Der Geruch der Toten und das Gewimmer und Stöhnen der Verwundeten war schrecklich. Ein feindliches Garde-Grenadier-Regiment, mit spitzen Mützen, musste hier sehr gelitten haben, denn man konnte ganz genau sehen, wo dieses gestanden hatte, es lagen in einer Reihe mehr als 250 Tote, darunter 13 Tamboure auf einem Haufen. Eine feindliche Batterie, welche hinter einigen Häusern, eine Strecke davon auf einer Anhöhe stand, war samt der Gebäude total mit der Erde gleich gemacht; so furchtbar hatte hier eine französische Batterie gewirkt.

Als ich mit meinen Leuten eben vom Schlachtfeld zurück wollte, kam mir einer unserer Ärzte entgegen und fragte mich, ob ich nicht Napoleon, der so eben auf dem Schlachtfelde mit seiner Umgebung hergeritten kam, sehen wollte, ich lenkte um und so sah ich diesen großen Mann, im grauen Oberrock, von einem großen Generalstab umgeben, in einer Entfernung von kaum 100 Schritten.

Es lagen an einem Busche einige verwundete Russen, welche ganz jämmerlich schrieen, der Kaiser schickte einen polnischen Ulanen-Offizier von seiner Umgebung dahin, welcher mit diesen Unglücklichen sprach, ich konnte nichts weiter vernehmen, als das Wort Hospital, worauf sie ruhiger wurden; nicht lange danach wurden sie ins Hospital nach Borodino gebracht.

Unsere Armee folgte der französischen nach Moshaisk, wo unser VIII.Armee-Korps, ganz abgesondert, diese von Einwohnern verlassene Stadt besetzte. Das hier errichtete Hospital war voll von Verwundeten. Unsere Armee hatte auch sehr gelitten. Der General Damas[32] und Oberst von Hesberg[33] von dem 2.Husaren-Regiment und viele Offiziere waren geblieben und der General Tareau war schwer verwundet.

Einige Tage, nach unserem Einzug in Moshaisk wurde unser Regiment, ein leichtes Bataillon und eine Fuß-Batterie beordert, den Tresor des Kaisers nach Moskau zu transportieren; bei diesem Transport waren zwölf beladene Maultiere, ohne die dazu gehörigen Wagen. Das große Moskau lag schon meistenteils in Asche, als wir vor der Stadt ankamen.

Nachdem alles abgeliefert war, blieben wir einige Tage vor Moskau. Es fehlte uns hier weiter nichts als Brot und Hafer für unsere Pferde; übrigens hatten wir Kaffee, Zucker und Rum; auch an sonstigen Sachen litten wir keinen Mangel.

[32] Francois Auguste Damas. Geboren in Paris am 02.Oktober 1775, stand er von 1789 bis 1792 in der Pariser Nationalgarde. Er kämpfte 1798 in Ägypten, wo er von Napoleon zum Escadronschef ernannt wurde. Seine Beförderung zum Oberst erhielt er 1800, 1806 trat er in holländische Dienste und wechselte im Oktober 1809 als Oberst in die westfälische Armee, wo er am 07.August 1810 zum Brigadegeneral und Kommandeur der 4.Militär-Division ernannt wurde. 1812 wurde er Brigadekommandeur beim VIII.Armee-Korps, dann Chef des westfälischen Generalstabs. Er, den man auch den „westfälischen Bayard" nannte, fiel, wie oben beschrieben, am 07.September 1812 in der Schlacht bei Borodino.

[33] laut Etat: Karl Christoph Wilhelm von Hessberg. Geboren am 02.Dezember 1775 in Laar, stand er zunächst als Unteroffizier im hessischen Kadetten-Korps und diente 1806 als Stabsrittmeister. Nach der Errichtung des Königreichs Westfalen diente er im Januar 1808 als Capitain und Adjutant des Kriegsministers Morios, wurde im März 1808 als Seconde-Lieutenant zum westfälischen Garde du Corps versetzt, wo er bereits am 07.Juli 1808 zu, Escadronschef befördert wurde. Am 23.Februar 1809 wurde er zum Chef des Generalstabs der spanischen Division ernannt und war 1810 für kurze Zeit Kommandant des 1.Chevauleger-Regiments. Unter dem 16.Juli 1810 wurde er zum Oberst und Kommandeur des 2.Husaren-Regiments befördert, am 01. Januar 1811 zum Ehrenstallmeister des Königs Jerome ernannt und erhielt 1812 seine Beförderung zum Brigadegeneral. Wie beschrieben wurde er am 07.September 1812 in der Schlacht bei Borodino verwundet und erlag am 01.Januar 1813 in Königsberg dem Nervenfieber.

Kurz nach unserer Zurückkunft von Moskau wurden sämtliche Artillerie-pferde von unserem Korps nebst den dazu gehörigen Train-Soldaten beordert, einen sehr großen Artillerie-Park, welcher in Pulverwagen bestand, von einem großen Kloster, neun Stunden von Moshaisk, auf der Straße nach Moskau hin abzuholen; das Kloster war von einem Bataillon Italiener besetzt; gleich nach unserer Ankunft in Moshaisk wurde diese ungeheure Anzahl Pulverwagen samt der Vorstadt verbrannt.

In dieser Zeit wurde zu Werga, einer kleinen Stadt sechs Stunden rechts von Moshaisk, das I. Bataillon von unserem 6. Linien-Regiment gefangen genommen; eine von Moshaisk dahin zu Hilfe gesandte Brigade kam zu spät und musste unverrichteter Sache, zurückkehren.

Von Moshaisk aus wurden täglich Furagierkommandos nach allen Richtungen hin geschickt, welche mit starken Eskorten versehen waren und doch wurden wir oft von den vereinten Kosaken und Bauern verjagt. Auf einer dieser Expeditionen fand ich auf einem adligen Schlosse, in einem großen, von der Erde bis unter die Decke des Zimmers aufgeführten, porzellanen Ofen eine Anzahl schön gebundener meist französischer Bücher und eine Anzahl kleiner Kästchen mit Kaisertee, welches ich als eine glückliche Beute mitnahm.

7.Kapitel
Der Rückzug beginnt!

Unsere Truppen hatten sich schon auf den Winter vorbereitet, es wurden Korngarben und Heu von den adligen Gütern geholt und ins Trockene gebracht, unsere Artilleristen waren schon mit Dreschen und Strohschneiden täglich beschäftigt, eine jede Artilleriekompanie hatte schon ein bedeutendes Magazin dieser Art.

Den 23. oder 24.Oktober hörten wir eine starke Kanonade, nach der Südseite von Moshaisk hin und einige Tage später traf auch schon die Nachricht ein, dass eine Schlacht vorgefallen sei.

Den 28.Oktober des Nachmittags rückte unvermutet eine bayerische Reiter-Brigade, die Avantgarde bildend, von Werga kommend, in Moshaisk ein. Mein Lieutenant war in dem Augenblick abwesend, als der General der Bayern nach unserem Offizier fragte und befahl, auf der Stelle unsere Pferde aus den Ställen bringen zu lassen; ich lief voller Angst davon und traf unseren Lieutenant Döleke unterwegs.

Als wir nach unseren Ställen kamen, waren die bayerischen Kavalleristen schon mit dem Herausziehen unserer Pferde beschäftigt, welches wir weiter zu hindern nicht vermochten. Es dauerte nicht eine volle Stunde, so erhielten auch wir schon Ordre zu marschieren; so wurde denn der Rückzug angetreten.

Unser Armee-Korps biwakierte einige Stunden diesseits Moshaisk; der Aufenthalt in diesem Biwak wurde mir angenehm durch den Umgang mit einem sehr guten Freunde, Namens Samuel Hahlo aus Münden, von dessen späterem Schicksale ich leider seitdem nichts in Erfahrung ziehen konnte.

Der Kaiser Napoleon traf denselben Tag in Moshaisk ein. Denselben Abend fing ich ein völlig gesatteltes schönes Pferd vom 28.französischen Dragoner-Regiment auf. In dem Mantelsack fand ich ganz schöne neue Waren von der großen Messe aus Moskau.

Den 29. passierten wir das Schlachtfeld bei Borodino, es gewährte noch immer einen schrecklichen Anblick, da die vielen toten Menschen und Pferde teils noch unbeerdigt geblieben waren und einen furchtbaren Gestank verursachten.

Den folgenden Tag erreichten wir Oschat und den 31. trafen wir in Wiasma ein; einige stehen gebliebenen Mauern einer großen Scheuer, die zum

Teil noch bedacht war, diente uns und unseren Pferden während der Nacht zum Aufenthalt.

Früh am anderen Morgen setzten sich die Kolonnen wieder in Bewegung. Der Weg führte an langen öden Fichtenwäldern vorbei; allenthalben stieß man schon auf Nachzügler, die mit den nachfolgenden Korps weiter zu marschieren gedachten und so einige Ruhetage zu erhaschen glaubten - aber sie täuschten sich; sie fanden Ruhe, aber die Ruhe des Todes.

Da es in der Nacht stark geeist hatte, so war es den nur schlecht beschlagenen und maroden Pferden unmöglich, einen von unseren Pulverwagen eine Anhöhe hinauf zu bringen, wodurch eine Kolonne französischer Garde etwa gehindert wurde; dies veranlasste den alten Marschall Bessiers, der diese Truppen befehligte, auf uns zuzukommen und er befahl mir, den Caisson herauf zu schaffen; ich setzte mich auf eins der Sattelpferde, es war aber durchaus unmöglich die Pferde in Zug zu bringen, weshalb ich bat, man möge uns doch durch die Soldaten Hilfe leisten und den Munitionswagen nachschieben helfen, worauf der Marschall mit blanken Säbel auf mich zugesprengt kam und mir damit drohte; ich gab meinem Pferde die Sporen und machte mich aus dem Staube und kam eine Stunde später wieder zur Batterie.

Den Abend in Biwak angekommen, wurde ich dann noch mit einiger Mannschaft zum Furagieren beordert; es war sehr finster; ich hatte noch nicht eine Stunde zurückgelegt, als ich in der Ferne einige Lagerfeuer erblickte, wir ritten darauf zu und sahen, dass wir ein Dorf vor uns hatten und schon in der Entfernung auf Französisch angerufen wurden; als wir näher kamen, fanden wir hier ein starkes Pikett von unserem 4.Linien-Regiment. Ich ersuchte den kommandierenden Offizier, mich hier furagieren zu lassen, wo dieser mir alles Stroh von den Dächern zu nehmen erlaubte, indem er mir versicherte, dass ich durchaus weiter nichts finden würde und er uns weiter zu gehen nicht erlauben dürfe. Wir mussten uns mit dem schon halb verfaulten Stroh begnügen, unsere Pferde verzehrten solches mit ziemlichem Appetit.

Als ich zurückkam, fand ich unsere Leute an einer vom Winde geschützten Waldspitze um ein freundlich loderndes Feuer versammelt. Ich drängte mich hinzu, mich schon der Wärme und der Ruhe, die da kommen sollte, erfreund, als ein Detachement der Garde-Chasseur angesprengt kam und uns befahl, wir sollten uns augenblicklich vom Feuer entfernen, weil der Kaiser hier für einige Zeit ausruhen wollte.

Man drängte unsere Leute mit Gewalt vom Feuer und formierte einen großen Kreis um dasselbe. Ich allein blieb in einiger Entfernung zurück, um Napoleons Ankunft abzuwarten. Wirklich erschien dieser mit mehreren höheren Offizieren der Garde-Chasseurs, nurwenige Augenblicke darauf stieg er vom Pferde und stellte sich mit unterschlagenen Armen an das Feuer. Ich seinem Gesicht, so ruhig und kalt wie Marmor, war weder Besorgnis noch Verdruss zu lesen.

Ein Hufschmied der Garde-Chasseurs kam als ich noch in Betrachtung des großen Mannes versunken dastand, auf mich zugesprengt und befahl mir in barschem Tone, mich aus der Nähe des Kaisers zu entfernen. Ich erwiderte ihm, dass er mir, der ich Marschall-de-Logis der Artillerie sei, nichts zu befehlen habe und dass ich so gut als er zur Armee gehöre und zur Bewachung des Kaisers verpflichtet sei. Er wurde immer heftiger und drohte mit dem Säbel, den ich ihn ruhig einzustecken hieß und ihm den Rat gab, lieber in seiner Schmiede auf gute Arbeit zu sehen, als hier so zu lärmen.

Unser lautgewordener Streit hatte die Aufmerksamkeit von Napoleons nächster Umgebung erregt und ein Offizier kam auf uns zu, denselben zu schlichten und sich nach seiner Ursache zu erkundigen. Er referierte darauf dem Kaiser und ich sah wie sich dieser zu uns umwandte und ein feines Lächeln sich auf seinem Gesicht spiegelte.

Ich blieb, bis sich nach einer Stunde der Kaiser mit seiner Garde entfernte und nahm dann den Platz ein, wo er gestanden hatte. Nach und nach sammelten sich auch meine Kameraden wieder.

Noch im Dunklen mussten wir am 05.November aus unserem Biwak aufbrechen, in dem wir eine durch Hunger und Frost gestörte Nacht zugebracht hatten. Der Zug ging sehr langsam, denn die Wege waren schlecht und die maroden Pferde schleppten sich nur mühsam vorwärts; zur Fortschaffung der Kanonen wurden immer mehr Pferde nötig und von allen Bagagewagen wurde auf Befehl des Kaisers die Hälfte der Pferde fortgenommen. Deshalb wurde denn alles irgend entbehrliche Gerät von den Bagagewagen entfernt, allenthalben traf man auf große Feuer, wo man den kostbaren Raub aus Moskau verbrannte.

Gegen Abend, als wir in der Nähe von Dogorobuye kamen, erhob sich ein rauer eisiger Wind. Wir biwakierten links von der Stadt, so sehr wir uns auch um das Feuer zusammendrängten, die erstarrten Glieder wurden doch nicht erwärmt. Einige meiner Kameraden hatten noch ein Stück Vieh aufgefangen und geschlachtet, mehrere Franzosen wollten sich dasselbe zueignen, es kam zum Streit, der endlich durch Teilen der Beute geschlichtet wurde. Als wir gerade im ersten Schlaf versunken waren, tönte die Trompete zum Aufbruch.

Ein eisiger Wind von Nordwest pfiff uns ins Gesicht; als die Sonne etwas höher stand, verdichteten sich die Wolken immer mehr und plötzlich fielen dichte Schneeflocken und füllten, vom Winde getrieben, wirbelnd und stäubend die Atmosphäre. Mit Schrecken sahen wir uns plötzlich vom Winter ringsumher überfallen. Der Schnee fiel so dicht und scharf, dass wir ihn stechend im Gesicht empfanden.

Die Wege wurden immer unwegsamer, denn alles war eine große Schneewüste; der Tritt der Vorhergehenden verschwand spurlos. Früh wurde es Nacht, der Sturm erhob sich rauer und kälter und manche konnten das Biwak in der Nähe von Mikalevka vor Ermattung und Elend nicht mehr erreichen.
Als wir am anderen Morgen von hier aufbrachen, fanden wir fünf unserer besten Artilleristen tot beim Feuer liegen, unser brave Lieutenant Döleke und fast wir alle konnten uns der Tränen nicht bei diesem traurigen Anblick enthalten.

Auch wurde den 07. die Kälte etwas strenger, aber doch erträglich; am 08. passierten wir den Dnjepr und erreichten den 09. Smolensk; unsere sichere Vermutung, hier Lebensmittel zu bekommen, war vergebens, die vorrätigen Lebensmittel wurden unter den Franzosen meistenteils verteilt.
Unsere Batterie bestand noch in zwei Kanonen und einem Munitionswagen, das war alles, was wir noch von sieben Gespannen übrig hatten. Diesseits Smolensk lagerte sich unsere Kompanie an der Vorstadt, Pferde und Mannschaft wurden in einem großen Gebäude untergebracht. Unsere Artilleristen machten Feuer in dem Zimmer an und als wir uns darum gelagert hatten und teils dabei einschliefen, geriet das ganze Gebäude in volle Flammen, so dass wir uns nicht ohne große Gefahr retteten; die in der 2. Etage Gelagerten wurden meistenteils verbrannt.

Erst den 13. November marschierten wir nach Koritna in Biwak, die Kälte war heftiger, es lagen schon häufiger vor Hunger und Kälte gestorbene Soldaten an beiden Seiten der Straße und bildeten einen schrecklichen Anblick.

Den 25. war die Witterung gelinder, es wurde trübe, wir hörten vor uns Kanonieren und unsere Kompanie hatte nur noch ein Geschütz, auf welchem unser Kanonier-Sergeant Zippel, welcher krank war, saß.
Unsere Kolonne marschierte nach Krasnoi, das Kanonenfeuer hörte auf und als wir an eine Anhöhe gelangten, erblickten wir links von der Straße, einen Kanonenschuss weit, nahe an einem Dorf einen Pulk Kosaken aus dem Walde kommen; es stellte sich ein Bataillon französische Garde-Grenadier mit zwei Stück leichtem Geschütz dagegen auf, bei den ersten Kanonenschüssen sahen wir schon den guten Erfolg. Es waren an die dreißig Kosaken und Pferde getroffen, die Feinde zogen sich hinter das Dorf. In diesem Mo-

ment feuerte eine feindliche Batterie aus dem Walde in die linke Flanke unserer Kolonne. Alles stürzte untereinander und bei dieser Unordnung fiel unser Sergeant Zippel tot von dem Geschütze. Die Kosaken fielen uns in den Hinterhalt, wobei sie alles plünderten.

Den Abend erreichten wir endlich Krasnoi mit Verlust unseres letzten Stücks Geschütz, hier löste sich nun auch unsere Kompanie auf und jeder war fortan nur für seine Sicherheit bedacht.

Den folgenden Tag traf ich in Liady ein, mein Pferd hielt ich durch wenige Nahrung noch auf den Beinen, ich selbst bekam hier seit drei Wochen zum ersten Mal wieder Brot zu essen.

Napoleon traf diesen Tag hier gleichfalls ein, ich sah ihn fast täglich, in der letzten Zeit war er mit einem Pelz bekleidet und mit einer grünen Mütze bedeckt. Er mag in dieser bösen Zeit wohl so gut wie ich Heimweh gehabt haben.

Den 17. ging ich seitwärts von der Straße und erblickte eine Stunde davon ein adliges Gut. Als ich nicht mehr weit davon war, bemerkte ich eine große Strecke Weges jenseits des Guts einen Bauer, welcher einen schweren Sack trug, ich folgte ihm nach und fand, dass er Mehl im Sacke hatte, welches ich ihm abnahm. Ein Detachement, meistenteils aus Holländern bestehend, welches hier auf Kommando stand, wollte mir meine Beute wieder abnehmen, indem sie vorgaben, dass es ihnen zugehöre. Ein Garde-Chevauleger, welcher gerade zu mir kam, beredete mich, mir das Mehl ja nicht nehmen zu lassen. Es kam hier zum Disput, der Offizier kam auch dazu und drohte mir, im Fall ich den Sack nicht sogleich abgäbe, mich als Arrestanten bei seinem Detachement behalten zu wollen

In diesem Augenblick traf glücklicherweise unser Marschall Junot mit seiner Umgebung auf dem Hof an, derselbe erkundigte sich gleich nach unserem Streit und gab mir und dem Chevauleger einen Wink, uns mit dem Mehl zu entfernen, welches wir uns nicht zweimal heißen ließen. Wir trafen nicht weit davon ein Dorf, wo mehrere hungrige Kameraden zu uns stießen. Es wurde von dem Mehl Brot gebacken und verteilt.

Den anderen Morgen früh schlugen wir unseren Weg wieder nach der Straße ein, unterwegs ritten wir uns irre und kamen immer tiefer in einen Wald, wir fanden eine frische Spur im Schnee und waren dieser noch nicht eine halbe Stunde gefolgt, als wir einen Haufen Möbeln, Betten und einen Korb voll russischer Kopeken, eine Art Kupfermünze und noch mehr andere Sachen fanden. Wir hielten uns dabei einige Augenblicke auf und als wir wieder unseren Marsch fortsetzen wollten, kamen uns an die dreißig bewaffneten Bauern über den Hals. Zurück zu reiten war unmöglich, wir setzten uns in Trab und von den Bauern verfolgt gelangten wir nach einer Stunde auf einen großen Edelhof, wo wir zu unserem Glück genug der unserigen Soldaten von verschiedenen Nationen antrafen.

Es mochte schon einige Tage hier gewirtschaftet sein, denn es lagen mehrere tote Soldaten in der Behausung. Meine Lebensmittel hatte ich durch die Verfolgung der Bauern wieder eingebüßt und musste mich wie die übrigen mit leerem Magen nach der Militärstraße hin verfügen, wo ich die Armee, nicht weit von Dombrowna antraf. Das Elend nahm täglich bei der Armee zu; wo nur ein Pferd niederfiel, lagen die Soldaten, wie die Raben, darauf und zerhackten und zerschnitten das noch nicht ganz tote Tier in Stücken, wobei es sehr oft Streit und blutige Köpfe gab; waren keine frisch gefallene Pferde da, so nahm man seine Zuflucht zu denen, welche schon einige Tage gestorben und schon hart gefroren waren. Solche Speise wurde oft von mir am Feuer nur halb gar gebraten, ohne Salz und Schmalz begierig verzehrt.

Hunger und Kälte, diese beiden grausamen Feinde, haben unsere Armee vernichtet, sie veranlassten schauderhafte, unmenschliche Auftritte. So war es öfters der Fall, dass, wenn ein Kranker nicht weiter konnte oder vor Hunger und Frost umfiel, die übrigen vorbei Marschierenden diesem Unglücklichen Alles abnahmen und ihn nackt auszogen. Ein französischer Kürassier, welcher in Lumpen gehüllt, ungefähr 20 Schritt vor mir marschierte und krank zu sein schien, legte sich an die Seite der Straße nieder und mochte wohl mit dem Tode ringen, gewiss schöpfte er aber noch Atem; da stürzten mehrere auf diesen armen Unglücklichen; ich bemühte mich mit einem Artillerie-Soldaten, namens Katzwinkel, diese Grausamkeiten zu verhindern, aber schnell hatten die Unmenschen ihn ganz entkleidet und er starb unter ihren Händen.

Den 18.November abends erreichte ich Dombrowna; in der Nacht fand ich weiter nichts zu essen, als einzelne Weizenkörner noch im Stroh, welche wir uns kochten; den folgenden Tag verließ ich mit einigen Truppen den Weg, um irgendwo Lebensmittel zu suchen, zwei Stunden von der Straße fanden wir einen sehr schönen adligen Hof.

Als wir eben zum Tor hinein wollten, kamen uns etwa 6 bis 7 Franzosen entgegen gelaufen und schrieen: „Kosaken, Kosaken!", wir waren aber fest überzeugt, dass es nicht wahr wäre und ließen diese abmarschieren, gingen aber unsererseits auf den Hof, als uns ein weiß gekleideter Pfaffe entgegen kam und aus vollem Halse schrie: „Kosaken!", wir ließen uns aber nicht irre machen, packten den guten Mann und brachten ihn in das Schloss zurück, wo wir denn auf einen mit einem starken Schlosse versehenen Keller stießen.

Der Pfaffe wollte durchaus nicht aufmachen. Es gelang uns endlich mit Gewalt das Schloss zu erbrechen, wir fanden Fleisch, Butter und Branntwein und noch mancherlei; obgleich während der Zeit unsere Gesellschaft sich vermehrte, konnten wir uns dennoch alle endlich einmal wieder etwas zu Gute tun.

Den 19. ging unser Marsch nach Orza; ich sah schon in der Ferne, dass ich bei Tage nicht hier über den Dnjepr kommen würde, weil die französische Garde und mehrere Truppen darüber marschierten und eine Wache auf der Brücke hielt, damit niemand hinüber ginge, als diejenigen, welche zur übergehenden Kolonne gehörten, ich hatte mir vorgenommen noch des Nachmittags möglichst hinüber zu kommen. Ich nahm einen Bogen Papier aus meinem Mantelsack, legte ihn wie eine Depesche zusammen, machte eine Aufschrift an einen General und gab mich an den ersten Posten für eine Ordonnanz aus, zeigte meine Depesche und so kam ich glücklich über die Brücke. Allhier wurde den Franzosen wieder etwas Lebensmittel geliefert, denn für diese wurde stets besser und eher gesorgt, als für uns.

Gleich nach meiner Ankunft zu Orza gelang ich zu einer Kolonne, welche aus verschiedenen Waffengattungen bestand. Sie hatte sich um ein abgebranntes Haus gelagert, ich nahm mein Pferd an die Hand und gesellte mich dazu. Ein schönes junges Frauenzimmer, gut gekleidet, kam zu uns und bat mich um einige Speisen. Sie sagte, dass sie die Frau eines bei Moshaisk gebliebenen Fourriers eines polnischen Lanzier-Regiments gewesen sei. Ich gab ihr zu essen. Sie ersuchte mich darauf, mich mit ihr in das nächste Dorf seitwärts, eine halbe Stunde von Orza, zu begeben, wo wir über Nacht ungehindert kochen und ruhen könnten. Der Antrag gefiel mir, ich wagte es, trotz den uns umgebenden Kosaken, mich mit der Schönen auf den Weg zu machen und wir erreichten das erwähnte Dorf. Sie war gleich im Haus geschäftig, machte Feuer an und kochte. Durch die angestrengten täglichen Märsche, bei großer Kälte und im tiefsten Schnee, war ich so abgemattet, dass ich, mein Pferd an der Hand, bei dem Feuer sitzend einschlief; ich mochte wohl eine halbe Stunde geschlafen haben, als ich erwachte; mein Pferd und das Frauenzimmer waren unterdessen verschwunden. Anfangs wusste ich nicht, ob ich weinen oder lachen sollte.

Aber bald bemächtigten sich meiner Schrecken und Wut, ich stürzte zum Hause hinaus, um wo möglich mein Pferd wieder zu erlangen. Ich erblickte jenseits des Dorfes eine Versammlung von Soldaten, welche sich bei einem Feuer niedergelassen hatten. In ihrer Mitte sah ich zu meiner großen Freude mein Pferd wieder. Die Franzosen schützten zwar anfangs die Räuberin gegen meinen Angriff, als sie aber die Sache genauer von mir erfuhren, jagten auch sie dieselbe aus ihrer Mitte.

Den 23.November erreichten wir Bober, es war Tauwetter eingetreten, welches zwar den folgenden Tag wieder aufhörte, die Kälte hatte aber etwas nachgelassen.

Den 27. erreichte ich des Mittags mit unserem Sergeant-Major Werner, welchen ich unterwegs antraf, die Beresina; es waren über diesen Fluss zwei Brücken geschlagen, wovon die eine rechts zum Übergange aber schon unbrauchbar war, denn es lagen eine ungeheure Menge tote Pferde und Karren davor, dass man kaum daran gelangen konnte. Über die obere Brücke, links, gingen diesen Tag meistenteils die französischen Garden und die Artillerie.
Gegen 03.00 Uhr nachmittags feuerten die Russen von einer Anhöhe herab in unsere linke Flanke des Lagers so, dass Alles in Schrecken geriet, durch einander lief und schrie und jammerte. Es wurde nun in aller Eile eine Reiterschar aus allen Waffengattungen zusammen gebracht, welche dem Feinde entgegen gestellt wurde, worauf das Kanonenfeuer aufhörte.

In der folgenden Nacht ging es an das Auspacken der Fourgons und der Marketenderkarren; ich fand hinter einem solchen Wagen, welcher einem französischen Kommissär anzugehören schien, ein neues, sehr großes, aus roten und schwarzen Fuchshäuten zusammengesetztes Pelzfell und in einem Tuch an die fünf Pfund Schokolade, ein Fund, der mir sehr willkommen war. Das Fell schnitt ich in zwei Teile, legte einen Teil über das Pferd, in den anderen Teil schnitt ich zwei Löcher, um meine Arme durch zu stecken; darüber zog ich meinen Mantel, so dass ich gegen das Erfrieren so ziemlich geschützt war.
Gegen 11.00 Uhr des Nachts fand ich erst unseren Sergeant-Major, welcher bei einem Feuer lag, wieder, bat ihn, noch in der Nacht mit mir über die Brücke zu gehen, er war aber nicht dazu gestimmt.
Um 01.00 Uhr machte ich mich aber auf und ging mit mehreren einzelnen Soldaten über die Brücke; ich fand an dem jenseitigen Ufer eine Sappeur- und Pontonier-Kompanie um ein großes Feuer gelagert, die beiden Kompanieoffiziere erlaubten mir, mich bei ihnen niederzulassen, wofür ich ihnen etwas Schokolade darbot, welche sie mir dankbar abnahmen und mich dafür zum Kaffee einluden. Die Kälte wurde in dieser Nacht heftiger, es wehte ein kalter, eisiger Nordwind.

Als es Tag wurde, drängten sich die Menschen von allen Seiten an die Brücke, um hinüber zu kommen. Wie viele stürzten bei dem Gedränge von der Brücke in den Strom und fanden den Tod in den eisigen Wellen! Es war jämmerlich anzusehen, wie die vielen armen in Lumpen gehüllten Menschen teils krank, teils ausgehungert, halb durchfroren im tiefen Schnee da standen und wimmerten und auf den Übergang über den Fluss lauerten. Wie manche Kostbarkeit da dem Strome überlassen werden musste, davon ist es schwer sich einen Begriff zu machen.

Den 30. November marschierte unsere Kolonne nach Pleschenzky, wo ich des Nachmittags zufällig unseren Obristen Bernand, unseren Obristlieutenant von Losberg, den Grenadier-Capitain Carl Ries[34], von unserem Regimente, jetzigem kurhessischen Obristen des Leib-Regiments und Flügel-Adjutanten Seiner Königlichen Hoheit des Kurprinzen und unseren Artillerie-Lieutenant Döleke in einer schmutzigen abgedeckten Scheune beisammen traf. Der Obrist, welcher mir freundlich empfing, fragte, ob ich einige Lebensmittel mitbrächte und ich gab einem Jedem einige Tafeln Schokolade und mehreres, womit wir uns die Nacht unseren ausgehungerten Magen einmal eine kurze Zeit wieder etwas zu Gute taten. Der Obrist bemerkte einen neuen Pelz, den ich unter dem Mantel trug und bot mir drei Napoleondor, im Fall ich ihm denselben überlassen wollte. Um ihn von diesem Vorschlag abzubringen, gab ich vor, dass der Pelz von Ungeziefer wimmelte.

Ich kann nicht umhin, hier eines Vorfalls zu erwähnen, der mir unschuldiger Weise eine Zeitlang die Ungnade des Obristen zuzog. Der Obrist hatte einen sehr schönen großen Hund, der sich für beständig bei unseren Artilleristen aufhielt. Ich kam eines Nachmittags, wo unsere Artillerie sich schon auf einem kleinen Weiler gelagert hatte, an, wo ich noch Zeuge davon war, wie man eine große Tonne voll gesalzenen Fleisch aus der Erde grub und verteilte. Der Hund war die Ursache, dass es gefunden wurde, denn unsere Artilleristen bemerkten, dass dieses Tier an einer gewissen Stelle beständig kratzte und bellte, gruben nach und fanden so den unverhofften Schatz.

Wir taten uns einige Tage lang hinlänglich an diesem glücklichen Funde gütlich. Undank ist aber der Welt Lohn, das musste auch dieses arme Tier erfahren. Die Hungersnot war freilich groß, jedoch konnte man noch Fleisch von gefallenen Pferden bekommen, wenn man gleich dasselbe, da es ganz hart gefroren war, erst beim Feuer gebraten, verzehren konnte.

---

[34] Carl von Ries. Er trat aus hessischen Diensten in die Armee des Königreichs Westfalen über. Nach dem Etat des 3. Linien-Regiments diente er bereits im Jahre 1810 als Capitain in seinen Reihen, wo er am 05. März 1813 zum Bataillonschef befördert wurde.

Unser Artillerieoffizier war nicht gegenwärtig, unser Sergeant-Major Werner und ich hatten uns, da wir ein zurückgebliebenes Geschütz, an welchem die Pferde marode geworden waren, nachholen wollten, etwas verspätet und gelangten erst in dem Augenblick im Lager an, als die Artilleristen mit dem Schlachten des Hundes unseres Obristen beschäftigt waren. Wir gaben ihnen hierüber unsere Abscheu zu erkennen und schalten und fluchten, aber vergebens. Da wir noch obendrein mit einigen derselben den Widerspruch anhören mussten, als hätten sie Recht getan, dass sie sich auf jede Weise den Hunger zu stillen suchten und die Insubordination schon überhand genommen hatte, wurden wir kaum angehört und hielten es fürs Beste zu schweigen. Das Fleisch wurde ohne Ekel mit Begierde verzehrt.

Unser Obrist bekam einige Tage später von dem Vorfall Nachricht und da ich mich zufällig wegen Dienstsachen bei ihm einfand, fehlte nicht viel, dass er mich fast mit dem gezogenen Säbel durchbohrt hätte, denn wenigstens erhielt ich von ihm in seiner Wut mehrere flache Säbelhiebe, weil er mich für den Anstifter oder wenigstens Helfershelfer jener Abscheulichkeit hielt. Ich beteuerte meine Unschuld und sei auch nicht gegenwärtig gewesen, als man den Hund tötete, aber er ließ sich nicht besänftigen und gab mir unter Drohungen zu verstehen, er wolle zu einer anderen Zeit schon weiter mit mir darüber sprechen.

Später mochte er indessen ausführliche Auskunft über den wirklichen Verlauf der Sache erhalten haben, denn bei meiner Ankunft zu Pleschenzky war er so artig und gutmütig gegen mich, dass er mir gleich beim Eintritte in die Scheune freundlich die Hand reichte und mich ermahnte, doch wo möglich bei ihm zu bleiben.

Die späteren unglücklichen Ereignisse ließen es aber nicht zu, dass ich gänzlich ohne Nahrung bei diesem Herrn mich aufhalten konnte. Unter den oben genannten fünf Offizieren habe ich den braven Obrist-Lieutenant von Losberg und den menschenfreundlichen Capitain Carl Ries, später in Kassel besucht und darf gestehen, dass ich von diesen guten Männern mit einer Teilnahme empfangen worden bin, welche beweist, wie unauslöschlich in ihren Herzen noch die Erinnerungen an die in Russland bestandenen Leiden und Gefahren und mühsames Leben bleiben werden.

Zu meiner Geschichte wieder zurück.

Den 01. Dezember marschierten wir nach Staiki. Als ich von hieraus wiederum einen Abstecher, um Lebensmittel zu holen, in der Frühe machte, traf ich unterwegs einen Wachtmeister und einen Gemeinen von den französischen Garde-Chasseurs zu Pferde, beide Straßburger, von denen allein der Erstere sein Pferd noch hatte.

Wir gelangten zwei Stunden von der Militärstraße in ein kleines, von den Einwohnern verlassenes Dorf; während wir in einem Hause nach Lebensmitteln und Furage suchten, kam ein Trupp Kosaken von 16 bis 18 Mann, umringten das Haus, und nahmen uns gefangen. Der Offizier ließ vier Mann uns zu bewachen zurück und machte sich mit den übrigen rechts seitwärts auf den Marsch.

Unter unseren Wächtern war ein alter Kosak, welcher in früheren Jahren in den Schlachten bei Eylau, Friedland und Austerlitz mit gewesen sein wollte, was er mir auf gebrochenem Deutsch zu verstehen gab, dabei reichte er uns reichlich von seinen Lebensmitteln und Branntwein, bemerkte uns aber, dass wir, sobald das Detachement Kosaken zurückkäme, mitgenommen werden würden. Diese Hiobspost gefiel uns nicht.

Unsere Wache tat sich an dem Branntwein, wovon sie ein ganzes Fässchen bei sich führten, gütlich. Die Pferde der Kosaken und die unsrigen waren auf der Diele angebunden und wurden gut gefüttert. Es war noch früh und unsere Kosaken schienen schon betrunken zu sein. Ich ging zur Seite, um scheinbar eines natürlichen Bedürfnisses mich zu entledigen; ich hatte in früheren Jahren gehört, dass, wenn man das Abgeschabte unter den Fingernägeln unter Branntwein mische, solches sehr betrunken machen solle. Ich nahm mein Messer aus der Tasche, schabte eine ziemliche Quantität ab und warf sie, da mir die Kosaken wiederum einen Krug zum Trinken reichten, hinein. Dieses Mittel wirkte nun zusehends, es dauerte keine Stunde, so lagen unsere lieben vier Kosaken wie die Schweine, völlig betrunken, dass sie von nichts mehr wussten und schliefen bald, um das Feuer herumliegend, fest ein.

Wir drei Gefangenen gaben uns zugleich Winke, schlichen nach den Pferden, banden sie los, nahmen Waffen und Gepäck, ohne dass die Kosaken von allem etwas sahen oder hörten; dann nahmen wir die Hände voll Asche vom Feuer und warfen ihnen die Augen voll und jagten ein jeder mit zwei Pferden auf und davon.

Als wir ungefähr zwei Stunden durch einen Wald zurückgelegt hatten, erblickten wir in der Ferne ein Dorf, vor welchem ein Kretschem[35] stand; als wir näher kamen, lief uns ein Jude entgegen, welcher aber sogleich wieder umkehrte. Ich gab mein Handpferd meinem Kollegen und setzte dem Israeliten nach, den ich auch jenseits des Wirtshauses wieder einholte. Ich fragte, warum er vor uns gelaufen sei? Er antwortete, dass ihn die Kosaken zum Boten bis nach dem Dorfe gebracht hätten und ihm statt der Bezahlung tüchtige

---

[35] Kretschem - (russisch) Wirtshaus

Kantschuhiebe[36] dafür gegeben hätten. Zu unserer großen Freude vernahmen wir zugleich, dass es dieselben Kosaken waren, welche uns bei unseren treuen Wächtern zurückgelassen und einen ganz anderen Weg eingeschlagen hatten, als wir zur Armee zu nehmen willens waren. Der Israelit bat mich, dass wir uns doch bald hinweg machen sollten, um nicht wieder von den Kosaken eingeholt zu werden, die keine zwei Stunden von dem Dorfe entfernt sein sollten. Obgleich sich der Jude anfangs nicht dazu verstehen wollte, unser Führer bis zur Militärstraße zwei Stunden weit zu sein, so bewirkten doch gute Worte und fünf Silberrubel, welche ich ihm für seine Mühe zu geben versprach, die Zusage seiner Dienstleistung. Die erbeuteten Mantelsäcke der Kosaken waren voll von Silber, Uhren und Gold, wir durften aber für jetzt uns die Zeit nicht nehmen solche zu öffnen; ich gab unserem Boten meine Uhr so lange zum Unterpfande, bis wir unsere Truppen erreichen würden.

Wir hatten keine Stunde mehr bis zur Armee, als es schon dunkel wurde. Plötzlich wurden wir im Walde, welchen wir passieren mussten, von einem Schwarm bewaffneter Bauern von allen Seiten umringt; mein Kollege der Marschall-de-Logis, bat mich die Pferde zu nehmen, er wollte der Sache bald ein Ende machen; ich tat das Geheißene und so zogen die beiden Gardisten ihre Pistolen, schossen unter die Bauern, hieben rechts und links und sprengten solche auseinander, ein Detachement Franzosen, welche in dem Augenblick sich zu uns gesellten, machten dem Skandal auf einmal ein Ende. Drei Bauern wurden verwundet und zwei führten wir als Gefangene mit.

Es war schon finster, als wir glücklich bei dem Pikett zu Selitzka anlangten. Wir beschenkten unseren Boten reichlich mit Gold und anderen Sachen, worüber er sich glücklich fühlte; wir drei teilten unsere erbeuteten Sachen, die in Geld, Gold, Silber, Uhren und Kostbarkeiten bestanden und verkauften die übrigen drei Pferde; von unseren Lebensmitteln teilten wir unseren Leidensgenossen reichlich mit. Der Reichtum machte mich ganz glücklich. Ich träumte mich in die Heimat zurück, dachte an meine Liebe und hoffte von meiner Beute ein Gütchen kaufen zu können, auf dem ich ruhig und zufrieden meine Tage beschlösse. Allein es war anders im hohen Rate Gottes beschlossen worden!

---

[36] Kantschu - russische Riemenpeitsche

8.Kapitel
In russischer Gefangenschaft

Den 02.Dezember ging es nach Selitzka, den 03. gelangten wir zu Malodeschna an. In dieser Stadt konnte ich wegen des Gedränges der vielen Truppen, welche schon alle Wohnungen eingenommen hatten, nicht unterkommen und musste bei einer starken Kälte auf dem Markte kampieren.

Den 04.Dezember erreichten wir Benitzka, hier traf ich mit dem Wachtmeister Lips vom 1.Husaren-Regiment, aus Kassel gebürtig und mit dem Brigadier Randel von demselben Regiment, aus Marburg, dem nachherigen Schwiegersohne des Bäckermeisters Ahrens aus Hannoverisch-Münden zusammen; wir ritten in Gesellschaft nach Smorgonie.

Den 05. in der Frühe gab es Lärm und eine Kosakenabteilung sprengte beinahe bis auf den Markt, wo einige französische Schildwachen getötet und verwundet wurden. In dieser Stadt stießen frisch angekommene Ergänzungstruppen zu uns. Meine beiden neuen Gesellschafter Lips und Randel, bewogen mich mit ihnen abseits zu reiten; wir gelangten in ein Dorf, wo wir ein lebendiges Schwein erhaschten, womit wir wieder zurückreiten wollten, es war aber schon zu spät; auf einer Wiese mitten im Walde trafen wir den noch lebenden Regiments-Büchsenmacher Georg Pfaff aus Kassel von unserem Regiment und noch mehrere Soldaten von verschiedenen Nationen, welche sich um einen Heuhaufen gelagert hatten. Unsere Pferde taten sich diese Nacht zum letzten Mal an diesem Heu gütlich und wir drei Kameraden lebten zum letzten Mal, kein Unglück ahnend, vergnügt zusammen.

Mit dem 06.Dezember begann aber für mich eine lange Reihe der unglücklichsten Tage. Wir setzten uns schon sehr früh in Marsch und gelangten in ein kleines Dorf, wo wir in dem Kretschem auf der Diele drei sächsische Infanteristen, nebst einem Bauern, um ein abgebranntes Feuer ohne Waffen antrafen; wir fragten, warum sie ohne Waffen seien, worauf sie sagten, dass sie den Tag zuvor von Kosaken gefangen wären, welche ihnen alles abgenommen hätten. Während unseres Gesprächs hatte sich der Bauer weggeschlichen, was uns sehr verdächtig vorkam. Augenblicklich setzten wir uns daher in Marsch und waren noch nicht außer dem Dorfe, als uns einige Franzosen und ein Marketenderkarren entgegen kamen und uns auf Französisch zuriefen: *„Nous sommes perdus!"*[37]

---

[37] *„Nous sommes perdus!"* - (französisch) „Wir sind verloren!"

Die Kosaken hielten vor dem Dorfe und als wir auf der anderen Seite wieder zurückreiten wollten, so riefen uns die Kosaken in einer Entfernung von 50 Schritt Pardon zu; das ganze Feld wimmelte von Feinden. Der Offizier ließ uns unsere Pferde, Gepäck und Waffen abnehmen, gab uns aber unsere Lebensmittel zurück; wir wurden nach einer Waldecke, wo schon an tausend Gefangene zusammengetrieben waren, transportiert. Es lässt sich leicht denken, wie uns dabei zu Mute war.

Gleich anfangs sah ich ein Vorspiel der traurigen Tage, die mir nun bevorstanden. Ein gefangener französischer Gardist stand neben mir, derselbe nahm einen Säbel von der Erde auf und versteckte solchen unter seine Chenille; einer von den Baschkiren welcher dieses gesehen hatte, nahm ihm den Säbel weg, hieb und stach diesen Unglücklichen tot. Für mein Leben bange, ging ich aus dem Wege, da stach einer von den grauen feindlichen Husaren nach mir; ich sprang über einen acht Fuß breiten tiefen Graben und erhielt zwar einen Gnadenstoß in den Rücken, ich entwischte aber und mengte mich unter den großen Trupp Gefangener. Meine Wunde fing sehr stark an zu bluten; ein bei mir stehender westfälischer Soldat riss ein Stück Leinen von einem alten Hemde, welches ein Kosak kurz vorher aus seinem Tornister geworfen hatte, um darin Platz zu machen für den unseren Leuten abgenommenen Raub und half mir meine Wunde verbinden, welche bedeutender war, als ich glaubte.

Noch des Nachmittags wurden wir sämtlichen Gefangenen, zweitausend an der Zahl, von einer Abteilung Kosaken weiter transportiert; meine wenigen Lebensmittel, welche mir der Offizier gelassen hatte, wurden mir nun auch abgenommen, drei Tage waren wir schon rückwärts transportiert und hatten noch nicht die geringste Nahrung bekommen; die Getreidekörner, welche wir aus dem Stroh, worauf wir kampierten, heraustrieben, fristeten uns kümmerlich das Leben, viele aber unterlagen dem Hunger, der Kälte und den übrigen Strapazen. Unsere zärtliche, gefühlvolle Eskorte bekümmerte sich nicht darum, wenn die armen Menschen niederfielen und in der furchtbaren Kälte mit dem Tode ringend liegen blieben.

An einem Freitage kamen wir nach einer kleinen Stadt; unter freiem Himmel, bei einer sehr strengen Kälte lagernd, konnten wir nur an einem elenden, durch allerhand brennbare Sachen unterhaltenen Feuer die erstarrten Glieder erwärmen. Wie viele unserer Leidensgefährten mussten wir bei anbrechendem Tage erstarrt und leblos da liegen sehen! Oh, es war ein jammervoller Anblick und welche Aussicht für die Überlebenden! Ich wagte in aller Frühe in die Stadt hinein zu laufen, gelangte auch glücklich auf den Markt und hörte in einem jüdischen Hause das Sabbatgebet verrichten; ich lief an die Fenster, klopfte an und gab mich den Leuten als ein Glaubensgenosse zu erkennen. Sie reichten mir Brot und etwas Fleisch zum Fenster heraus, das war Alles, womit sie mir halfen.

In der Stadt herumirrend begegnete mir ein russischer Offizier, welcher mich in deutscher Sprache fragte, was ich in der Stadt machte; ich sagte ihm aufrichtig, was ich getan hatte; er fragte weiter, was ich für ein Landsmann sei; als ich ihm sagte, dass ich ein Göttinger wäre, erwiderte er, dass er zwei Jahre da studiert hätte und gab mir etwas Geld, ermahnte mich aber ernstlich sogleich zu meiner Kolonne Gefangener zurückzukehren, wenn ich nicht Gefahr laufen wollte, von den Bauern tot geschlagen zu werden.

Als ich nach dem Platze hin wollte, sah ich den Transport schon an einer Waldhöhe hin marschieren. Es verfolgten mich wirklich auch schon Bauern mit Knüppeln; da ich aber ziemlich großen Vorsprung hatte, entkam ich glücklich dieser Gefahr und erreichte unsere jammervolle Kolonne wieder, wo mir übrigens nichts zu Leide geschah, wie überhaupt die Kosaken, so gefühllos sie sich auch zeigten, doch niemanden von uns absichtlich kränkten und misshandelten; ein Lob, welches ich den hinterlistigen mordlustigen Spaniern nicht erteilen möchte.

Von dem Offizier der Eskorte, einem freundlichen Manne, erfuhr ich, dass wir nach Minzka gebracht würden; diese Nachricht war mir sehr lieb, weil in dieser Stadt sehr viele Israeliten wohnen und von ihnen hoffte ich Erlösung aus der traurigen Gefangenschaft. In langwieriger Gefangenschaft zu leben, war mir ein gar schrecklicher Gedanke und darum dachte ich gleich anfangs ans Entrinnen aus derselben, sobald sich eine günstige Gelegenheit dazu darbieten sollte und in Minzka mein Vorhaben auszuführen war mein ganzer Gedanke.

Diesen Ort erreichten wir an einem Morgen. Mein Herz schlug mir vor Angst und Hoffnung. In der Vorstadt angekommen, sah ich in der Ferne ein von Juden bewohntes Haus; die offene Tür schien mich zum Hineintritt einzuladen und ich entwischte der Eskorte, welche es zu meinem großen Glück nicht bemerkte. Eine junge Jüdin kam mir aus der Stube entgegen und als ich mit Tränen meinen bedauernswerten Zustand zu erkennen gab, vergoss auch sie Tränen des Mitleids, führte mich zu dem warmen Ofen und pflegte mich mit Essen und Trinken, äußerte aber zugleich ihr Bedauern, dass ich nicht lange bei ihr verweilen könnte, indem sie zwei russische Verwundete in Quartier habe, welche öfters in die Stube kämen und ohnedies würde ihr Mann, welcher Mittags nach Hause käme, mich über Nacht nicht im Hause behalten.

Die Russen, zwei junge in eine feine Uniform gekleidete Leute, kamen wirklich bald in die Stube, bekümmerten sich aber nicht um mich. Der Hauswirt, ein freundlicher Mann, bewillkommnete mich freundlich, gab mir aber zu verstehen, dass er mich als einen Gefangenen ohne die größte Gefahr nicht im Hause behalten dürfte; er zeigte mir aus dem Fenster die Wohnung seines Schwagers, wohin ich mich verfügen und zur Heilung meiner Wunde und erfrorenen Füße ins jüdische Hospital bringen lassen möchte. So gern ich hier geblieben wäre, die streng und kurz ausgesprochene Weigerung meines Wirts veranlasste mich sein Haus zu verlassen, das mir nach solchen Leiden als Elysium erschienen war.

Es mochte gegen 03.00 Uhr nachmittags sein und schon hatte ich die neue Behausung, wohin ich gewiesen war, beinahe erreicht, als ein neuer Trupp Kriegsgefangener mir begegnete, dem ich auszuweichen keine Zeit hatte. Der Offizier, mich erblickend, ließ mich alsbald vermittelst einiger unsanfter Kolbenstöße in die Reihe der Gefangenen eintreten. Dahin war nun von Neuem die nur auf kurze Zeit wieder erlangte Freiheit, aber noch nicht alle Hoffnung! Ich der Vorstadt wurde vor einem großen, noch nicht fertig gebauten Hause, welches zu einer Kaserne oder einem Hospital eingerichtet zu sein schien, Halt gemacht; alle Kriegsgefangenen wurden hier einquartiert, so dass in jedem Zimmer an 150 Menschen gleichsam zusammengepackt wurden. Die Kälte war fortwährend sehr heftig und nur die Ausdünstungen der großen Menge Menschen machte es möglich, es hier aushalten zu können. Die Nacht brachten wir auf dem Fußboden nicht weich liegend zu.

Den folgenden Tag wurde uns eine Tonne Zicharri, eine Art in Stücken gebröckeltes und gedörrtes Brot, mit grobem Mehl vermischt, mitten ins Zimmer gestellt, womit wir uns begnügen mussten.

In der Nacht waren 15 Mann in unserem Zimmer gestorben. Nicht wenig erstaunte ich, als ich meinen Freund, den Sergeant-Major Heddrich, in unserer Mitte antraf; doch nur einen schlechten Trost konnten wir uns beiderseits geben. Ich konnte mich mit meinem traurigen Schicksal noch gar nicht aussöhnen und fasste von Neuem den gefährlichen Entschluss aus meiner Gefangenschaft zu entfliehen. Alle Vorstellungen des Freundes vermochten es nicht, mich davon abzubringen. Der Gedanke, immer tiefer in Russland hinein zu kommen und vielleicht bald wie viele Andere einem schmerzlichen Tode zu erliegen, war mir zu schrecklich!

Ich war mit meinen Leidensgefährten in einem Eckzimmer eingeschlossen. Der Schnee lag an drei Fuß hoch um das Haus herum, so dass ich ungehört aus dem zweiten Stockwerke den Sprung darauf wagen konnte. Eine Stunde vor Tagesanbruch machte ich mich an eine Eckfenster, suchte so viel Fensterscheiben aus dem Blei zu nehmen, als nötig war, um gemächlich hindurch zu steigen. Meine unglücklichen Kameraden lagen noch in festem Schlafe versunken und hörten und sahen nichts von allem, was vorging.

Nachdem ich mich überzeugt hatte, dass ich von der Schildwache von der Seite nicht bemerkt wurde, tat ich den Sprung und entkam glücklich.

Einen großen, mit dickem Schilf bewachsenen, zugefrorenen Teich, welcher einige hundert Schritte entfernt war, hatte ich mir schon den Tag zuvor als einstweiligen Zufluchtsort ausersehen, welchen ich auch eine halbe Stunde vor Tag noch erreichte. Aber hier war ich, da ich nicht warm gekleidet war, in großer Gefahr zu erfrieren. Auch erfroren mir an diesem Tage die Füße und noch jährlich werde ich im Winter an diesen Aufenthalt im Schilfe erinnert durch Aufbrechen der Frostbeulen.

Übrigens war der Platz gut gewählt. Ich hatte bemerkt, dass die Israeliten aus der Vorstadt, wenn sie nach der großen Synagoge gehen wollten, Morgens und Abends hier vorbei gehen mussten. Als ich nun mehrere Israeliten ankommen sah, ging ich zu ihnen und gab mich als ihren Glaubensbruder zu erkennen. Sie nahmen mich sogleich in ihre Mitte und brachten mich nach dem jüdischen Hospital, ich dankte hier dem Allmächtigen für die einstweilige glückliche Rettung.

Über meine Aufnahme in dieser Krankenanstalt hatte ich mich nicht zu beklagen, wiewohl, hauptsächlich wegen der Kriegsunruhen, darin nicht die größte Reinlichkeit und Ordnung herrschte. Es lagen hier mehrere jüdische Militärpersonen, welche beinahe alle erfrorene Glieder hatten. Zu meiner großen Verwunderung und Freude sah ich hier den Doktor Löwenthal aus Hannövrisch-Minden, der im großen Militär-Hospital allhier angestellt war. Ihm hatte ich die Heilung meiner erfrorenen Füße und meiner Wunde zu verdanken.

Nach Verlauf von sieben Wochen war ich wieder hergestellt und wurde an das dasige Lehr-Institut gewiesen, wo ich denn übernachten konnte und den Tag über stand es mir frei umher zu gehen und mir auf beliebige Weise, meist durch Almosensammeln, meinen Lebensunterhalt zu verschaffen. Völlig polnisch gekleidet und mit einem starken, langen Bart versehen, hatte ich ganz das Ansehen eines polnischen Juden und war vor Verfolgung der Russen so ziemlich sicher.

Es lagen in dieser Zeit zwei russische Infanterie-Regimenter als Besatzung in Minzk, die aber im Laufe des Krieges bis auf 300 Mann zusammengeschmolzen waren. In dieser Stadt begegnete mir eines Tages der Wachtmeister Lips, mit dem ich gefangen wurde, auf der Straße, in einem bedauernswerten Zustande. Er hatte erfrorene und mit Lumpen umwickelte Füße, diente einem russischen Offizier, dessen Pferde er wartete, wobei er dennoch Almosen einsammeln musste. Ich teilte mit ihm meine kleine Barschaft. Später starb er, wie ich von dem Dr. Löwenthal erfuhr, im großen Hospital.

Ich bemühte mich in der Stadt durch Arbeiten etwas zu verdienen. Unter anderen nicht sehr angenehmen Verrichtungen übernahm ich es, mit noch mehreren meiner Leidensgefährten, Leichname aus dem großen Hospital auf Schlitten aus der Stadt zu fahren und auf dem Felde zu verbrennen. Denn es herrschte im Krankenhaus eine pestartige Krankheit, welche täglich an 30 Menschen dahin raffte. Ich kam aber durch dieses Geschäft in Gefahr selbst ein Opfer dieser Krankheit zu werden. Es überfielen mich an einem Abende solche Kopfschmerzen und Übel- keiten, dass ich wie unsinnig wurde. Der Arzt gab mir sogleich ein großes Glas Branntwein mit Pfeffer und einer anderen Zutat. Mit dieser Mixtur im Magen, musste ich eine Stunde stark herumlaufen, welches mich in heftigen Schweiß brachte.

Den anderen Morgen war ich wieder ganz munter. Unter uns Rekonvaleszenten war ein gewisser Abraham, aus Bonn gebürtig, welcher Lieutenant gewesen sein soll und welchem die Kosaken die Winkel seiner Taschen nicht ganz ausgeleert haben mochten, denn er hatte noch einige Napoleondor. Dieser hatte sich verlauten lassen, dass er mit einem Minzker Tabakhändler nächstens nach Wilna reisen werde, wofür er zwei Napoleondor bezahlen sollte. Ich spitzte die Ohren und forschte nach, wer er wohl sein mochte, der dahin reisen würde und wann die Reise vor sich gehen sollte.

Ich war glücklich genug alles auszukundschaften und machte mich reisefertig, ohne daran zu denken, ob mich der Kaufmann auch mitnehmen würde. Es war im Anfange des Monats Februar 1813; die Kälte hatte den höchsten Grad erreicht, als den Morgen in aller Frühe einer von den jüdischen Fuhrleuten in unser Zimmer trat und dem Abraham etwas in Ohr flüsterte; ich merkte die Sache und machte mich augenblicklich fertig. Meinen Kollegen ließ ich eine Strecke Weges vorausgehen und folgte langsam nach. Außer der Stadt angelangt, erblickte ich in der Vorstadt vier bespannte Schlitten auf einem Hofe, hier fragten mich die Fuhrleute, was ich wollte?

„Hinter den Schlitten nach Wilna mit laufen!", war meine Antwort.

Das sollte ich wohl bleiben lassen, meinten sie, und ob ich einen Pass und Geld hätte?

„Allerdings habe ich beides", erwiderte ich.

Sie verlangten nun, dass ich solches vorzeigen sollte, ich aber sagte: "Wenn der Abrehmel", so nennen die polnischen Juden Abraham, "beides in meiner Gegenwart zeigt, so will ich es auch tun."

Ich war nämlich völlig überzeugt, dass dieser keinen Pass haben konnte. Der Herr dieser Karawane, welcher unsere Unterredung mit angehört hatte, kam auf mich zu und fragte, ob es denn mein völliger Ernst wäre, bei einer solchen Kälte mit zu fahren und ob ich in Gefahr laufen wollte, zu erfrieren? Ich legte aber den Mann mein Anliegen so ans Herz, dass er nicht allein einwilligte, sondern mir noch zwei polnische Gulden und ein Paar Strümpfe mit auf die Reise schenkte, zugleich seine Leute anwies, mich mit Lebensmittel gehörig zu versehen; wofür ich aber auch diesen alle möglichen Hilfsleistungen zu erweisen mich verpflichten musste.

Wer war froher als ich? Ich sollte nun wenigstens dem geliebten Vaterlande wieder etwas näher kommen! Es waren freilich noch manche Gefahren zu überstehen, noch Hindernisse zu überwinden; daran dachte ich aber nun nicht! Die Reise ging mit einer unbegreiflichen Schnelligkeit vonstatten, wofür die russischen Schlittenpferde sorgten. Die Kälte war furchtbar, die Eiszacken hingen uns fast ellenlang an den Bärten und wir konnten kaum die Augen offen behalten.

Um 10.00 Uhr in der Nacht in einem Kärtschem angelangt, schlief ich, von der Kälte und Anstrengung ermüdet, hinter dem Ofen in der Stube ein und merkte nichts davon, dass meine Reisegefährten sich wieder auf den Weg gemacht hatten. Als aber die Wirtin in die Stube kam und mich im Schlafe fand, weckte sie mich mit der Frage, warum ich nicht mit meinen Kameraden gefahren wäre? Unbegreiflich groß war mein Schrecken. Was war da zu tun? Ich lief zum Hause hinaus, um die Gesellschaft wo möglich wieder einzuholen. Anstatt aber den Weg nach Wilna einzuschlagen, lief ich den entgegengesetzten Weg wieder zurück.

Ich mochte wohl eine halbe Stunde gelaufen haben, als ich einen Pfahl wieder erkannte, welcher als Meilenzeiger diente, an welchem wir vorbei passiert waren. Das Beste war nun schnurstracks wieder zurück zu laufen. Zum Glück schien der Mond hell und ich erreichte das Kretschem wieder, wo ich zu meiner nicht geringen Freude einen meiner Reisegefährten antraf, welcher zurückgeschickt worden war, um den Vermissten zu holen. Gern ließ ich mir die verdienten Vorwürfe gefallen und freute mich im Voraus auf die baldige Ankunft in Wilna, wo wir auch den anderen Tag früh ankamen.

Einem Empfehlungsschreiben aus Minzka an einen reichen Kaufmann, hatte ich es zu verdanken, dass ich in dem Lehr-Institut, wenigstens des Nachts, ein Unterkommen erhielt. Hier traf ich bereits mehrere französische jüdische Militärpersonen und einen italienischen Sergeanten, welcher wegen seiner Gelehrsamkeit sehr berühmt war und sehr gut behandelt wurde. Mir wurde von einem Aufseher das Amt übertragen, täglich das notwendige Wasser zu tragen, was ich mir denn auch freilich gefallen lassen musste. Als ich aber eines Morgens schon mehrere große Eimer voll Wasser geschleppt hatte und dabei auf dem glatten Eis hingefallen war, klagte ich mein Leidwesen dem Obervorsteher, durch dessen Vermittlung ich in der Folge besser behandelt wurde. Mein Aufenthalt war aber noch nicht sehr angenehm; ich war noch zu weit von der Heimat und dem, was mir dort am meisten am Herzen lag, entfernt. Was blieb mir aber anders übrig, als Geduld zu haben und die Hoffnung einer besseren Zukunft nicht sinken zu lassen!

Eine Erleichterung trat zufällig bald ein. Ein französischer Artilleriesoldat, ein Holländer beredete mich eines Tages, mit ihm zwei Stunden von Wilna zu einem Branntweinbrenner zu gehen, bei dem wir einen guten Dienst erhalten würden. Wir kamen durch die lange Judenstraße. In einem schönen Hause lag ein polnischer Jude nebst seiner Frau im Fenster, sie winkten einem von uns beiden zu. Der vorwitzige plumpe Holländer machte geschwinde Schritte dahin, wurde aber zurückgewiesen und ich dafür angerufen. Der Mann fragte nach meinem Namen, meinem Vaterlande, und welche Stellung ich in der Armee bekleidet habe. Nachdem er hierüber genügende Auskunft erhalten hatte, fragte er seine Frau lächelnd, ob sie es zufrieden wäre, wenn er mich ins Haus nähme? Die gute Frau überließ es ihm und so war fürs Erste für mich gesorgt. Mein Prinzipal, ein Mann von 40 Jahren, lebte mit seiner jungen Frau kinderlos und besaß Vermögen; er handelte mit Gold- und Silberwaren. Ich erwarb mir bald sein ganzes Zutrauen. Es war jedoch nicht mein Wunsch, fortwährend in Polen zu bleiben, vielmehr sehnte ich mich stets nach Deutschland zurück. Der gute Mann versprach mir dafür zu sorgen, dass ich meinem Vaterlande näher käme.

Während des Aufenthalts in Wilna hatte ich Gelegenheit mehrere gefangene westfälische Offiziere öfters zu sehen, unter denen ich den General von Borstel[38], den Obersten Rossi[39], auch den Obristlieutenant Rauschenplat[40],

---

[38] eigentlich: Karl Heinrich Emil Albrecht von Borstell. Geboren zu Tangermünde am 02.Februar 1778, trat er aus preußischen Diensten im Dezember 1807 in westfälische Dienste über. Hier wurde er am 01.Januar 1808 Escadronchef und am 03.Juli 1808 Major im 1.Chevauleger-Regiment. Unter dem 18.Juli 1809 wurde er zum Oberst, dann zum Stabschef der westfälischen Division in Spanien und schließlich am 28.Januar 1811 zum Chef des Generalstabs der Garde des Königreichs Westfalen. Im Jahre 1812 wurde er zum Stabschef bei der Großen Armee und erhielt während des Feldzugs in Russland am 24.Juni 1812 das Kommando über Grodno. Unter dem 02.August 1812 wurde er zum Brigadegeneral befördert und, nachdem er bereits 1810 zum Baron erhoben worden ist, 1813 zum Ehrenstallmeister des Königs Jerome ernannt. Im Oktober 1813 trat er in preußische Dienste zurück, wurde 1845 pensioniert und verstarb am 11.Juli 1856 in Stralsund.

[39] Der geborene Korse war ein Verwandter des Königs Jerome und kam so in das neu geschaffene Königreich Westfalen. Hier stand er 1810 als Major im 8.Linien-, als Colonel 1811 im 3.Linien-Regiment. Am 03.April 1811 wurde er Oberst und Kommandeur des 4.Infanterie-Regiments, geriet während des russischen Feldzugs in Gefangenschaft, konnte aber fliehen. Nach Westfalen zurückgekehrt, wurde er 1813 Adjutant des Königs und ging nach dem Zusammenbruch nach Frankreich zurück.

den Lieutenant von Herberg und die zwei Gebrüder von Löwen persönlich kannte.

Ein lustiges Abenteuer, das mir in Wilna begegnete, darf ich nicht unerwähnt lassen. Die Israeliten in Polen verheiraten sich sehr jung, meistens sind die beiden Eheleute nicht über 14 Jahre alt. Einst sah ich eine solche Kinderhochzeit mit an und wurde nach den kostbaren, zur Schau auf den Tisch getragenen Speisen lüstern. Ein bei mir stehender Possenreißer, der bei den Hochzeitsgästen nicht viel Glück machte und sich zu mir in den Hintergrund zurückgezogen hatte, mochte dies bemerkt haben. Er machte mir den Vorschlag, den Abend während der Kopulation von hinten in die Speisekammer zu steigen, um uns dort gütlich zu tun. So geschah es. Wir fanden der köstlichen Speise und Getränke reichlich und tranken auf das Wohl der jungen Eheleute. Vollkommen gesättigt, stieg ich dann sorgfältig wieder zum Fenster hinaus. Ich war glücklich am Boden, als ich ein furchtbares Gerassel hörte. Der plumpe Pole war vom Fenster auf das unten stehende Geschirr herabgefallen. Mehrere Menschen drangen sogleich ins Zimmer und mein armer Fresskamerad wurde übel zugerichtet. Er schrie beständig: „Au wai! Au wai! Der Deutsche hat mir verführt, ich bin unschuldig."

Das half ihn aber nicht von den Schlägen. Ich ließ mich in mehreren Tagen in dieser Straße nicht wieder sehen.

Nachdem ich sieben Wochen in Wilna zugebracht hatte, fand sich eine günstige Gelegenheit zur Abreise, die ich freudig benutzte. Ich gelangte über die Memel nach Pren, wo mir von dem jüdischen Gemeindevorsteher hinlängliche Unterstützung zu Teil wurde und ich auch von den übrigen Juden, bei denen ich mich durch allerhand wahre und erdichtete Erzählungen zu insinuieren bemühte, gern gesehen wurde.

---

[40] nach dem Etat: Adolf von Rauschenplatt. Er wurde 1772 in Blankenburg geboren und war bis 1792 preußischer Kadett. Nach seinem Übertritt in die königlich westfälische Armee, stand er am 29.Januar 1808 als Lieutenant im Bataillon der Grenadier-Garde, wurde am 14.August 1808 Capitain im 2.Linien-Regiment, am 07.Februar 1810 Bataillonschef der Jäger-Carabiniers und am 06.Juni 1811 Chef des 1.leichten Linien-Bataillons. Seine Beförderung zum Major erhielt er am 28.September 1812 und die zum Kommandeur des Bataillons der Jäger-Garde am 31.Oktober 1812. Er geriet während des Feldzugs in Russland in Kriegsgefangenschaft und kehrte später in braunschweigische Staatsdienste (Steuerfach) zurück. Er verstarb am 10.Oktober 1845 in Wolfenbüttel.

9.Kapitel
Wieder nach Hause

Nach ungefähr 8 Tagen reiste ich nach Kalweria, einer großen Stadt in Litauen, wodurch ich wieder 12 Meilen meiner Heimat näher kam. Hier sehr wohl aufgenommen, verstrich mir die Zeit bis nach dem Osterfeste sehr angenehm, da die Gastfreundschaft meines Wirtes, eines Weinhändlers und seiner guten Frau, es mir an nichts fehlen ließ.

Gleich nach dem Osterfeste wurde ich als Mitglied einer Reisegesellschaft aufgenommen, welche nach Leipzig wollte. Wir mussten öfters an russischen, der Armee nachgeschickten Kolonnen vorbei fahren, was mich aber in keine Gefahr brachte. Zuweilen fand ich es jedoch für gut, mich taub und stumm anzustellen, wenn mich Soldaten etwas fragten.

Ohne weitere Hindernisse gelangten wir endlich eine Stunde links von Polotzk an einen Brückenkopf jenseits der Weichsel, welchen wir von einem starken russischen Detachement unter dem Kommando eines Offiziers besetzt fanden. Während dieser den vorderen Wagen durchsuchte und die Pässe musterte, stieg ich unbemerkt von dem Wagen, auf welchem ich saß, hinten herunter und schlich mich unter das Personal, welches bei den Pferden des vorderen Wagens beschäftigt war, und so kam ich mit dem ersten Wagen über die Brücke. Die mir hier drohende Gefahr war glücklich überstanden und ich hatte nur den Verlust meiner geringen Barschaft von etwa 3 Rthlr. zu bedauern, die ich, als ich eine Stunde von der Weichsel entfernt war, vermisste und wahrscheinlich beim Herunterspringen vom Wagen bei der Brücke hatte fallen lassen; ich geriet aber nicht in Versuchung, dieselbe an Ort und Stelle wieder zu suchen.

Wir erreichten nach einigen Tagesmärschen Tikotschin, den nämlichen Ort, wo unserem VIII.Armee-Korps im Lager die Kriegserklärung bekannt gemacht wurde. Der Obervorsteher verschaffte mir einen Pass, worin ich für einen Tikotschiner Juden ausgegeben wurde; und ich reiste weiter nach Deutschland zu.

An der Grenze erfuhren wir aber, dass der Krieg in Sachsen für die französische Armee eine günstige Wendung genommen hatte und dass sie eine Schlacht bei Lützen gewonnen. Dies veranlasste meine Reisegesellschaft, ihren Plan, nach Leipzig zu reisen, aufzugeben und den Weg nach Breslau einzuschlagen, um da Waren zu einzukaufen. In den letzten Tagen des Monats Mai trafen wir in dieser schönen Stadt ein.

Meine Reisegefährten wollten hier einige Tage erst abwarten, um im günstigen Falle doch von hier aus nach Leipzig zu reisen; es trafen aber so üble Nachrichten vom Kriegsschauplatze ein, dass ihre Absicht nun ganz vereitelt wurde. Ich verweilte fortwährend bei diesen Leuten; der Gedanke, mich in Deutschland zu befinden, beruhigte mich zwar, aber eine gewisse böse Ahnung quälte mich hier, aber sollte mir noch ein großes Unglück bevorstehen.

Indessen bemühte ich mich, mir auf irgend eine Weise meinen Lebensunterhalt zu verschaffen. Eines Tages kam ich in die Behausung eines gewissen Joachimsthal; ich klagte demselben offenherzig mein Unglück, um ihn zu bewegen, mir eine Kondition zu verschaffen. Ein Arbeiter, welcher auf der Diele beschäftigt war, hörte die traurige Erzählung mit an. Des Nachmittages kam ich auf den Hof, wo meine Gesellschafter logierten. Ein Fuhrmann sagte zu mir, dass Polizei-Diener mit einer Wache auf dem Hof gewesen und alle Winkel durchsucht hätten. Mir, dem von Unglück seit langer Zeit hartnäckig Verfolgten, pochte bei dieser Nachricht gewaltig das Herz! Ich vermutete sogleich Verrat von Seiten des Arbeiters des Joachimsthal. Es dauerte nicht lange, als zwei Polizei-Diener mit zwei Mann Militärwache auf uns zukamen und ich zu meinem Todesschrecken die Worte hörte: „Da sitzt der Kerl."

Ich wurde ohne Weiteres arretiert, worüber ich im ersten Augenblick meiner Besinnungskraft beraubt wurde. Bald indessen wieder zur Besinnung kommend, fragte ich, was sie von mir wollten? Ohne mir zu antworten, führten sie mich zu einem Pferdestall, wo ich ihnen mein Bündel übergeben musste; es erhielt weiter nichts als etwas Wäsche, einige andere Kleinigkeiten und zwei Danksagungsbriefe, welche ich den Tag vorher, einen nach Wilna und den anderen nach Kalweria, an meine Wohltäter geschrieben hatte, die aber durchaus nichts Politisches enthielten. Sobald ich in der Mitte meiner Eskorte auf die Straße gelangte, wurde alsbald nachgerufen: „Da haben sie wieder einen Spion!"

Es wurde sogar mit Steinen nach mir geworfen, bis ich, vor einem großen steinernen Gebäude angelangt, einem großen, starken Kerl, der mit einem großen Bund Schlüssel versehen war, überliefert wurde.

Ich wurde in ein Zimmer gebracht, nackt ausgezogen und alles aufs sorgfältigste untersucht; nachdem man mir auch meine letzten paar Groschen genommen hatte, wurde ich in ein enges Behältnis, welches mit einem kleinen eisernen Gitterfenster versehen war, eingeschlossen. Zum Nachtlager war hier für mich ein alter Strohsack nebst einer wollenen Decke! - Ich war mir nun allein überlassen. Mein Schrecken war nicht gering.

„Was habe ich verschuldet?", fragte ich mich. „Wie wird das wohl enden?"

Mit diesen und ähnlichen Betrachtungen eine Stunde lang beschäftigt, trat endlich der Gefangenenwärter herein und brachte mir - ein Stück Brot, ein blechernes Näpfchen und einen steinernen Krug mit Wasser und fügte hinzu, dass ich alle Mittag eine warme Speise bekommen werde. Ich fragte ihn, mit Tränen in den Augen, warum man mich so hart und grausam wie einen Mörder behandelte? Der Gefangenenwärter, so barsch er auch aussah, schien dennoch gerührt und fragte mich, ob ich den wirklich kein Spion sei? Ich verneinte es und erzählte ihm ganz offenherzig meine Schicksale, worauf er mir den Trost gab, dass ich, wenn es sich im Verhör auswiese, dass ich unschuldig wäre, gewiss meine Freiheit wieder erhalten würde.

Die Nacht quälten mich die schrecklichsten Träume und erwacht, durchkreuzten allerhand schauerliche Gedanken meine Seele. Als es endlich Tag wurde, drangen freundlich wärmende Sonnenstrahlen auf mein Lager. Ich nahm sie als gute Vorbedeutung an, dachte an Napoleon, an die Sonne von Austerlitz und an die Sonne, welche mir in der Schlacht bei Moshaisk so hell und klar entgegen schien. Eine wunderbare Beruhigung erfüllte meine Brust. Der Gefangenenwärter öffnete dann mein Zimmer und erlaubte mir auf dem Hofe eine Stunde spazieren zu gehen. Da kam ich in eine noble Gesellschaft von mit doppelten Ketten geschlossenen Mördern und Mörderinnen, die mir mit der Erzählung ihrer Heldentaten einen schrecklichen Zeitvertreib machten.

Um 09.00 Uhr wurde ich wieder mit der Wache abgeholt und im Gefangenenhause verhört. Man fragte mich nach meinem Namen, Alter, Wohnort usw. Ich erzählte so ziemlich alles der Wahrheit getreu, fand aber für gut, zu behaupten, dass ich schon beim Einmarsche der weiland großen französischen Armee desertiert wäre und in Wilna in dem jüdischen Lehr-Institut ein Unterkommen gefunden hätte; dass ich nachher, als die Franzosen den Rückzug angetreten hätten und ich mich überzeugt glaubte, dass ich ungehindert in mein Vaterland wieder zurückkehren könnte, aufs Geratewohl versucht hätte, von Wilna mich weg zu machen; dass ich dann während des Osterfestes in Kalweria mich aufgehalten und darauf hinter der Juden Wagen hergelaufen sei, ohne dass jene mich abzuwehren vermocht hätten.

Nach diesem Verhöre wurde ich in den Kerker zurückgeführt.

Den anderen Tag wurde ich außerhalb des Gefangenenhauses ins Verhör gebracht und von mehreren Richtern auf das Sorgfältigste examiniert. Da ich bei meiner ersten Aussage blieb, so wurde ich zwar als Spion frei gesprochen, aber als westfälische Militärperson für einen Kriegsgefangenen erklärt. Man brachte mir mein Päckchen und Geld wieder. Ich protestierte zwar gegen das Urteil, wo es mir denn frei gestellt wurde, entweder nun in preußische Militärdienste zu treten oder Kriegsgefangener zu bleiben; ich wählte ihnen zum Trotze das Letztere.

Man brachte mich nun in eine Kaserne, nahe am Leipziger oder Dresdner Tor; ich traf an 300 Kriegsgefangene von verschiedenen Nationen hier an; wir erhielten täglich 1½ Pfd. Brot und 2½ Ggr. Ein alter preußischer Capitain hatte die Aufsicht über uns, welcher uns täglich verlesen ließ. Nach meiner Ankunft in den Kasematten traf am Nachmittag ein Transport französischer Kriegsgefangener, 200 bis 300 Mann stark, daselbst ein. Es bestand derselbe fast aus lauter sehr jungen französischen Konskribierten, die durch die feindliche Kavallerie meistenteils an den Köpfen und Armen verwundet waren.

Wie halfen diesen Unglücklichen auf den Kasernenhofe ihre Wunden mit Wasser reinigen, worüber uns der alte preußische Capitain, laut lobend, seine Zufriedenheit bezeugte. Die Verwundeten dauerten mich so, dass ich bei Seite treten und meinen Tränen freien Lauf lassen musste. Auf dem Hofe der Kasematten wohnte eine Witwe, deren Mann früher Kommissär gewesen war. Diese gute Frau rief mich den zweiten Tag nach ihrer Wohnung, wo sie mich über meine Verhältnisse befragte, indem sie mir bemerkte, dass sie Mitleid mit mir hätte, da sie bemerkt habe, dass ich ganz von den übrigen Gefangenen abgesondert, stets in traurigen Gedanken versunken, meine Zeit hinbrächte; dies mache ihr Kummer, indem ihr Sohn, welcher in Militärdiensten stehe, leicht in eine ähnliche Lage, wie die meinige wäre, versetzt werden könnte. Nachdem sie von mir erfahren hatte, dass ich ein Israelit sei, verschaffte sie mit Unterstützung von Seiten meiner Glaubensgenossen. Mit ihr musste ich nun täglich Kaffee trinken.

Den 23. Mai kam die Nachricht von einer großen Schlacht, welche vorgefallen wäre und worin die Franzosen total geschlagen sein sollten. Meine gute Verpflegerin, setzte aber begründetes Misstrauen in diese Nachricht. Auch kamen nach einigen Tagen viele Wagen mit Blessierten und Gepäck, einer hinter dem anderen, zum Leipziger Tor hereingefahren und bald hörten wir von der bei Bautzen vorgefallenen Schlacht, in welcher die Franzosen die Oberhand hatten. Wir sollten uns nun marschfertig halten, um, wie ich von der guten Frau Kommissarin erfuhr, nach der Festung Schweidnitz transportiert zu werden. Die Furcht in der Festung eingesperrt oder vielleicht gar nach Russland transportiert zu werden, gab mir den Mut, aufs Neue alles zu meiner abermaligen Befreiung zu wagen.

Sogleich versah ich mich dann auf drei Tage mit Lebensmitteln, ich schlich mich in der Abenddämmerung auf den Boden meiner gastfreundlichen Kommissarin, welcher mit unseren Kasematten zusammen hing und versteckte mich in einem Winkel, um da den Ausgang abzuwarten.

In der Nacht, gegen 12.00 Uhr, hörte ich meine Unglücksgefährten weg transportieren; es war mir dabei Angst und Bange; denn wenn ich binnen einigen Tagen nicht gerettet wurde, so konnte sich mein Schicksal sehr verschlimmern.

In banger Erwartung verweilte ich in meinem Verstecke. Da hörte ich schon den folgenden Tag in der Frühe ziemlich deutlich das ferne Gerassel von Wagen, welche schnell hinter einander fuhren. Obgleich in einem engen Raume von der großen Hitze unter den Dachziegeln, auf welche die Sonne ihre heißen Strahlen warf, sehr belästigt, harrte ich dennoch aus.

Da, oh wie lieblich ertönte in meinen Ohren am 01.Juni der Schall der Trompeten! Die Musik kam immer näher, ich hob einen Dachziegel in die Höhe und, oh Himmel, welche Freude für mich! Ein französisches Chasseur-Regiment zu Pferde, das 8., rückte zum Tor herein. Mit einigen Sprüngen war ich in der Stube meiner Wohltäterin, sie erschrak, und die Worte: „Ich bin frei!", waren alles was ich ihr sagen konnte.

Ich nahm nun eilig Abschied von ihr und in Zeit von fünf Minuten war ich schon bei der Avantgarde, wo ich mich bei dem Offizier meldete. General Lauriston, der Befehlshaber dieses Korps, ließ mir nun eine Marschroute nach Neumark, wo damals das französische Hauptquartier war, ausfertigen.

Den 04.Juni konnte ich erst in Neumark anlangen, wo ich die Freude hatte, den Obrist Hümbert von unserem Generalstabe und den Obristlieutenant von Lepel, Kommandeur eines leichten Bataillons, zu sehen. Ersterer erinnerte sich meiner von der Schlacht bei Moshaisk her, wo ihm sein Pferd tot geschossen wurde und ich ihm ein anderes, welches von unserer Artillerie aufgefangen war, gab.

Der Obristlieutenant von Lepel führte mich gegen meinen Willen, in meinem polnischen Anzuge, in ein großes Zimmer, wo mehrere Generale um einen Tisch versammelt saßen, wo mich der General, Baron von Denzel, welcher mit mir Deutsch sprach, auf das Genauste ausforschte, wobei ich nicht vergaß, ihm die gefangenen westfälischen Offiziere, welche ich in Wilna verlassen hatte, zu bemerken.

Es wurden mir Speisen und Wein gereicht und ich fehlte nicht, auf das Wohl der Anwesenden eine Bouteille Wein zu leeren. Der General, Baron von Denzel, ließ den Klingelbeutel für mich die Runde passieren, wodurch ich so viel Geld erhielt, dass ich mich anständig dafür kleiden konnte.

Als das Hauptquartier zurück verlegt wurde, nahm mich der Obrist Hümbert[41] in seinem Wagen mit dahin, und behielt mich die ganze Zeit bei sich im Quartier. In Dresden legte ich meinen polnischen Ornat und meinen Bart ab und kleidete mich wieder anständig.

---

[41] nach dem Etat des westfälischen Generalstabs: Humbert. Er kam als Sekretär des Generals Reuwbells aus Frankreich ins Königreich. Am 12. März 1809 wurde er Chef des Generalstabs des Gouvernements Kassel, wurde am 09.Februar 1812 zum Oberst und am 16.Mai 1813 zum Chef des Generalstabs der westfälischen Garde ernannt. Seine Beförderung zum Brigadegeneral 1814 wurde hingegen nicht bestätigt.

Ich hatte in Dresden gute Tage. Es fehlte mir an nichts und ich konnte spazieren gehen, wann ich wollte. Auf einer meiner Exkursionen war ich Augenzeuge davon, wie sehr die Krieger, selbst wenn sie leiden mussten, ihrem hochverehrten Kaiser zugetan waren.

Vor dem großen Hospital, in welchem eine ungeheure Menge verwundeter Franzosen lagen, versammelte sich eine große Anzahl derselben, als sie den Kaiser Napoleon mit seiner Umgebung ankommen sahen und als derselbe dem Krankenhause sich näherte, schrieen alle aus vollem Halse: *„ Vive l'Empereur!"*, liefen mehrere Häuser weit unermüdlich hinter ihm her, mit dem beständigen Geschrei: „Es lebe der Kaiser!"

Nach Verlauf einiger Wochen bekam ich nebst einem jungen französischen Offizier eine Marschroute über Gotha, Erfurt nach Kassel. Von Dresden aus hatte ich schon meinen Anverwandten meine nahe bevorstehende Ankunft angezeigt, eine Nachricht, die ich meiner geliebten Elise mitzuteilen aus besonderen Ursachen unterließ.

Endlich erreichte ich nach den vielen Leiden die ich bestanden und den großen Gefahren, denen ich wunderbar und glücklich entgangen war, im Monat Oktober des Jahres 1813 das mir sehr teure Kassel, welches für mich das Teuerste enthielt was ich auf Erden hatte. Gleich nach meiner Ankunft zog ich über meine liebe Elise Erkundigung ein und war so glücklich, die freudige Nachricht von einem meiner vertrauten Freunde zu erhalten, dass mich meine liebe Elise keineswegs aufgegeben hatte und mich, wenn es auch noch so lange dauern würde, zurück erwarten wollte.

In der Abendstunde schlich ich unbemerkt unter das Fenster und oh, wer beschreibt meine Wonne! - ich sah sie, für die ich mein Leben aufzuopfern in jeder Stunde bereit gewesen wäre. Ich ließ ihr durch einen Soldaten hinein sagen, dass sie auf einige Augenblicke vor die Tür kom men möchte, es wäre ein naher Anverwandter aus ihrem Geburtsorte da.

Sie kam auch sogleich heraus und - mit einem lauten Schrei der Freude lagen wir uns in den Armen! Wie glücklich war ich nun! Ich war fest überzeugt von ihrer lang erprobten, unerschütterlichen Treue und Liebe.

Einige meiner Brüder kamen schon den folgenden Tag nach Kassel, um mich zu bewillkommnen und ich hörte zu meiner Freude, dass alle die Meinigen noch frisch und munter waren.

Von meinen guten Freunden in Kassel erhielt ich täglich Einladungen. Bald nach meiner Ankunft gelangte die Nachricht von der Schlacht bei Leipzig an, der Rückzug der Franzosen erfolgte, das Königreich Westfalen wurde aufgelöst und Deutschland wurde frei. Auch ich wurde frei von meinem nicht sehr glücklichen Militärstande.

10.Kapitel
Schluss

Meine Lebensgeschichte seit jenem Jahre bietet zu wenig Interessantes für den Leser dar, als dass ich mich lange dabei aufhalten dürfte. Also kurz nur noch folgendes:

Ich blieb damals bei meinem Schwager I. Kaufmann in Dransfeld, der mich unentgeltlich in sein Haus aufnahm. Vom Militärdienste in Hannover wegen eines Körperfehlers freigesprochen, erhielt ich die förmliche Erlaubnis, mich in Dransfeld nieder zu lassen. Mit der Einwilligung der Mutter meiner geliebten Elise feierten wir im September des Jahres 1816 unsere eheliche Verbindung.

Nach mehreren glücklich verlebten Jahren, in denen das Glück mir zuzulächeln schien, trafen mich aber wiederum harte, sehr harte Schläge des Schicksals: Ich verlor durch meine Gutwilligkeit und Nachsicht den größten Teil meines mühselig erworbenen Vermögens.

Ich verlor in der Blüte ihres Alters, in ihrem 16.Lebensjahre, eine viel geliebte, sehr hoffnungsvolle, einzige Tochter.

Die Wunde, welche dieser Unfall uns schlug, war noch nicht geheilt, als der Schreckensruf: „Feuer, Feuer!", in Dransfeld erscholl und in wenigen Augenblicken alle meine Habseligkeiten, so wie die vieler Anderen, von diesem verderblichen Elemente aufgezehrt wurden.

Wir waren in eine solche Lage versetzt, dass wir uns kaum vor Menschen sehen lassen konnten. Aber die allgütige Vorsehung, die mir schon so oft aus der Not geholfen hatte, sandte auch diesmal wieder Hilfe. Wahre Wohltäter, wie der brave Herr Ph.Berend zu Nenndorf mit seinen Anverwandten, Herr M.Zinsheimer aus Gmünden, dem Geburtsorte meiner Frau und noch mehrere meiner guten Freunde, auch Madame Friedheim in Münden, halfen uns liebreich aus aller Not.

Sie, die ich schon oft mit Lob erwähnt habe, die liebevolle Gattin, teilte stets treu Freude und Leid mit mir und trägt fortwährend zu meinem größten Lebensglücke bei und es ist mein sehnlichster Wunsch, dass wir noch lange Jahre hienieden vereint durch das Erdental einher wandeln mögen.

.*.

Anlagen

Etat eines westfälischen Infanterie-Regiments

Die westfälische Infanterie zerfiel, wie die französische, in Linien- und leichte Infanterie; ihre Organisation war völlig französisch. Westfalen besaß bis 1812 acht Infanterie-Regimenter. In dem Jahre wurde ein weiteres Regiment, das 9., errichtet, das 6.Regiment aber nicht wieder aufgestellt.

Anfangs zählten alle Regimenter zwei Feld- und ein Depot-Bataillon, 1811 bekamen die Regimenter Nr.2 und 7 ein drittes Feld-Bataillon.

Das Feld-Bataillon bestand aus sechs Kompanie, das Depot-Bataillon nur aus vier Kompanien. Von den sechs Kompanien der Feld-Bataillone waren stets zwei Elitekompanien und zwar eine Grenadier- und eine Voltigeurkompanie. In diese kamen nur ausgesuchte Leute mit guter Führung. In die Voltigeurkompanien wurden kleine, gewandte Leute eingestellt, die gut klettern und schwimmen konnten. Aus diesen Elitekompanien wurde auch der Ersatz für die Garde genommen.

Die Elitekompanien genossen mancherlei Vergünstigungen: Sie durften nur von ihren eigenen Offizieren kommandiert werden, brauchten nur ausnahmsweise Wachdienst zu machen und unterschieden sich auch in der Uniformierung durch eine reichere Ausstattung von den anderen Kompanien.

Die übrigen Kompanien, Zentrumskompanien genannt, waren Füsilierkompanien, die unter sich gleich waren. Das Depot-Bataillon besaß keine Elitekompanien.

Eine Kompanie zählte einschließlich Offiziere 140 Mann. Das Feld-Bataillon zählte 840 Mann, das Depot 560 Mann und der Stab etwa 30 Mann. Im Depot blieben in Kriegszeiten der Major, der Bekleidungsoffizier, der Quartiermeister und die beiden Handwerksmeister zurück.

1811 wurden nach französischem Muster der Linien-Infanterie pro Regiment eine Artilleriekompanie mit zwei 6-Pfünder Regimentsgeschützen zugeteilt. Die Mannschaften wurden aus den Regimentern gezogen, blieben aber weiter auf dem Etat ihrer Kompanien.

Etat eines Regiments zu zwei Bataillonen

Grad	Anzahl	Grad	Anzahl
Oberstab		**Kompanie**	
Oberst	1	Kapitän	1
Major	1	Leutnant	1
Bataillonschef	2	Unterleutnant	1
Quartiermeister	zählt zum Depot	Sergeant-Major	1
Zahlmeister	1	Sergeanten	4
Bekleidungskapitän	zählt zum Depot	Fourrier	1
Oberchirurg	1	Korporale	8
Chirurg 2.Klasse	2	Mannschaften	121
Chirurg 3.Klasse	2	Trommler	2
Summe	**11**	**Summe**	**140**
Unterstab			
Adjutanten	4		
Tambour-Major	1	Oberstab	11
Korporal-Tambour	1	Unterstab	31
Musikmeister	1	6 Kompanien	840
Musiker	22	2 Bataillone	1680
Büchsenmacher	2	1 Depot-Bataillon	560
Summe	**31**	**Summe**	**2282**

Die Artilleriekompanie im Jahre 1812

Grad	Anzahl	Grad	Anzahl
Leutnant	1	Trompeter	2 (beritten)
Unterleutnant	1	Kanoniere	18
Sergeant-Major	1	Trainsoldaten	26 (mit 62 Pferden)
Sergeanten	4		
Fourrier	1		
Korporale	8 (4 davon zum Train beritten)		
Summe	**16**	**Summe**	**46**

Zwei 6-Pfünder-Kanonen[42], eine Feldschmiede.

Der Wagenpark eines Infanterie-Regiments

In Kriegszeiten führte ein Infanterie-Regiment an Wagen mit sich:
- ein Munitionswagen für das I.Bataillon,
- zwei Munitionswagen für das II.Bataillon,
- fünf Wagen, davon zwei für die Offiziersbagage,
  zwei für Lebensmittel,
  einen Ambulanzwagen

Jeder Wagen war mit vier Pferden bespannt. Das westfälische Artillerie-Regiment lieferte dazu 24 Trainsoldaten mit 30 Pferden und vier berittene Korporale. Über dem Bagagetrain stand der Wagenmeister.

1811 wurde das Regiment dann in drei selbstständige Bataillone mit selbstständiger Verwaltung abgeteilt. Es hörte nun also jede Unterordnung zu einem Regiment auf, die Verwaltung war völlig der eines Regiments gleich[43].

---

[42] bei Regimentern, welche drei Feld-Bataillone hatten, drei 6-Pfünder
[43] Westfälischer Moniteur vom 17.Juli 1811

Inhaltsverzeichnis

Verlagswerbung

www.ingramcontent.com/pod-product-compliance
Lightning Source LLC
Chambersburg PA
CBHW070042110426
42741CB00036B/3188